Para Andréa D'Amato

[ARAQUÉM ALCÂNTARA]

MATA ATLÂNTICA

TERRABRASIL

Editor *Editor*
ARAQUÉM ALCÂNTARA

Concepção editorial & fotografias *Editorial concept & photography*
ARAQUÉM ALCÂNTARA

Prefácio *Foreword*
DR. PAULO NOGUEIRA-NETO

Apresentação *Presentation*
FABIO FELDMANN

Textos *Essays*
MARCELO DELDUQUE E/AND HELOISA BIO RIBEIRO
FELIPE MILANEZ

Edição de textos *Text editing*
FELIPE MILANEZ

Copy desk
OTÁVIO RODRIGUES

Revisão *Text reviser*
JOSÉ AMÉRICO JUSTO

Tradução *Translation*
ALISON ENTREKIN

Projeto gráfico *Graphic design*
VICTOR BURTON
ANGELO ALLEVATO BOTTINO
FERNANDO MOSER

Produção gráfica *Graphic production*
MARCIO UVA
WILLIAM VIEIRA

Produção *Editorial liaison*
REGINA BELFORT

Mapa *Map*
CARLO GIOVANI

Pesquisa iconográfica *Iconographic research*
CLAUDIA RICCI

Consultoria científica *Scientific consultant*
MATEUS PACIENCIA

Assistência de fotografia *Assistant photographers*
RUBENS MATSUSHITA

Assessoria de imprensa *Press relations*
QUATRO ELEMENTOS COMUNICAÇÃO

Distribuição e vendas *Sales and distribution*
BOOKMIX COMÉRCIO DE LIVROS

Premedia, impressão & acabamento *Premedia, printing & binding*
IPSIS GRÁFICA E EDITORA

Copyright©2008 Editora TerraBrasil
Copyright©2008 Araquém Alcântara Fotografia e Editora Ltda.
EDITORA TERRABRASIL
Rua Visconde da Luz, 171k
04537-070 – Vila Olímpia
São Paulo – SP – Brasil
T 55 11 3044 1013
araquem@araquem.com.br
www.araquem.com.br
www.terrabrasilimagens.com.br

"O dia passou-se deliciosamente. Mas delícia é termo insuficiente para exprimir as emoções sentidas por um naturalista que, pela primeira vez, se viu a sós com a natureza no seio de uma floresta brasileira. A elegância da relva, a novidade das parasitas, a beleza das flores, o verde luzidio das ramagens e, acima de tudo, a exuberância da vegetação em geral foram para mim motivos de uma contemplação maravilhada. O concerto mais paradoxal de som e de silêncio reina à sombra dos bosques. Tão intenso é o zumbido dos insetos que pode perfeitamente ser ouvido de um navio ancorado a centenas de metros da praia. Apesar disso, no recesso íntimo das matas, a criatura sente-se como que impregnada de um silêncio universal. Para o amante da história natural, um dia como este traz consigo uma sensação de que jamais se poderá, outra vez, experimentar tão grande prazer."

Charles Darwin, em *A Viagem do Beagle*

"The day has passed delightfully. Delight itself, however, is a weak term to express the feelings of a naturalist who, for the first time, has wandered by himself in a Brazilian forest. The elegance of the grasses, the novelty of the parasitical plants, the beauty of the flowers, the glossy green of the foliage, but above all the general luxuriance of the vegetation, filled me with admiration. A most paradoxical mixture of sound and silence pervades the shady parts of the wood. The noise from the insects is so loud, that it may be heard even in a vessel anchored several hundred yards from the shore; yet within the recesses of the forest a universal silence appears to reign. To a person fond of natural history, such a day as this brings with it a deeper pleasure than he can ever hope to experience again."

Charles Darwin, in *The Voyage of the Beagle*

MATA ATLÂNTICA: A CELEBRAÇÃO DA BELEZA

[DR. PAULO NOGUEIRA-NETO]

Cem milhões de anos atrás havia um grande continente austral que se chamava Gondwana. Parte dela ainda existe junto ao Pólo Sul, com o nome de Antártica. Outra parte se destacou e depois se dividiu, dando de um lado mais a leste a Índia e a Austrália, e no seu lado oeste um grande conjunto de duas áreas terrestres, formado pela África e pela América do Sul. Depois de um processo longo de separação há cerca de 45 milhões de anos, estes dois continentes acabaram por também se destacar, um rumando mais para o leste e outro ficando mais para o oeste, constituindo respectivamente a América do Sul e a África.

Vocês já repararam, quando olham o mapa do planeta, que cada um destes continentes se encaixaria perfeitamente no outro se não houvesse entre eles o grande Oceano Atlântico? Essa figura de encaixe físico não é coincidência. Significa que, no passado, ambos os continentes eram um só. Sobre isso houve a respeito, até meados do século 20, uma grande e vigorosa discussão científica. Alfred Lothar Wegener, meteorologista e geólogo genial, defendia a idéia da separação América do Sul/África, inclusive com a simpatia do pessoal da Geologia da USP. Como simples estudante de História Natural, eu também apoiei a ousada idéia da deriva dos continentes. No decorrer de algum tempo, a teoria da movimentação das placas tectônicas cresceu e deu inteira razão a Wegener. Na realidade, ela tem muito a ver mesmo, pois quem atravessa o Atlântico encontra na África paisagens similares às que Araquém tão bem retratou na nossa Mata Atlântica. E não somente paisagens, mas também plantas similares nos trechos mais úmidos das costas de ambos os continentes. Assim, poderíamos talvez dizer que a Mata Atlântica é na realidade uma floresta que ocupa vastos trechos africanos e brasileiros junto ao Grande Oceano.

É verdade que os 45 milhões de anos de separação foram amplamente suficientes para tornar possível a existência de muitas espécies botânicas diferentes em ambos os lados do

Jequitibá-rosa *(Cariniana legalis)*,
Parque Estadual de Vassununga

Jequitibá *(Cariniana legalis)*, Vassunga State Park

Mico-leão-da-cara-dourada
(Leontopithecus chrysomelas)

Golden-headed lion tamarin
(Leontopithecus crhysomelas)

Atlântico Sul. Contudo, existem ainda profundas semelhanças e até gêneros comuns, aqui e lá, caso da *Erythrina*, que compreende os nossos conhecidíssimos suinás e mulungus. Além disso, nas duas margens do oceano há Lauráceas (canelas e outras árvores similares), figueiras e muitas plantas que permitem dar certo sentido comum à Mata Atlântica. A Mata Atlântica merece uma atenção toda especial, não apenas por sua importante biodiversidade mas também pelo que ela representa pela sua movimentada origem.

Neste livro, Araquém Alcântara apresenta fotografias de grande valor não somente devido à sua alta técnica fotográfica mas também pela sua excelente intuição artística. Quer se trate de uma fotografia feita com plantas e animais raros, na floresta, quer seja uma paisagem a perder de vista, de enorme extensão, como o Vale do Paraíba do Sul, ou quando mostra o difícil e trabalhoso dia-a-dia das populações humanas locais e tradicionais, todas as fotos são feitas com uma técnica rigorosa e no momento certo. Excelente fotógrafo que é, Araquém sabe "bater a chapa", como se dizia antigamente, no momento exato necessário. Vivemos num mundo em movimento permanente. Qualquer descuido no exercício de uma atividade como a genuína arte fotográfica pode ser a perda de uma oportunidade que não volta mais. Isso porém não acontece com Araquém Alcântara, pois ele sabe o que quer e está sempre atento.

Mata Atlântica não é um nome antigo, como se poderia imaginar. Tanto isso é verdade que por ocasião da Constituinte de 1988, no próprio texto constitucional houve uma confusão de nomes a seu respeito. Com o tempo a expressão Mata Atlântica foi sobressaindo e hoje desalojou outras denominações. Ela se estende do litoral brasileiro ao interior e a países vizinhos. Estive uma vez no Paraguai, nas matas de Caaguazu, que constituem uma extensão da Mata Atlântica. Também lá está sendo destruída com tanta intensidade como aconteceu aqui. Quando a peroba, de madeira valiosa, foi abatida em larga escala no Brasil, ela passou a ser remetida do Paraguai.

A grande função de livros como este é a missão de mostrar a todos, ao imenso mundo, o que ocorre com essa maravilhosa Mata Atlântica. É necessário levar ao Mercosul a preocupação de proteger a Mata Atlântica. É com livros, autores e artistas como Araquém Alcântara que poderemos proclamar aos quatro cantos do planeta Terra a nossa preocupação e a nossa angústia. Para que do Atlântico aos Andes, nossos povos procurem conservar essa maravilha da natureza. Devemos usá-la sem destruí-la, como sugerem as diferentes situações e aspectos aqui tão bem revelados por Araquém Alcântara.

Este livro, no meu entender e no de Araquém, apresenta uma bela e encorajadora visão do que a Mata Atlântica oferece como espetáculo fundamental. Em um futuro próximo, no entanto, um novo livro poderia mostrar os aspectos de como ela resistiu (e sempre resistirá) aos que pretenderam destruí-la. O grande desafio da recomposição da Mata Atlântica já é uma realidade. Principalmente o retorno espontâneo e consentido das áreas de floresta, que pode ser constatado por todos os que trafegam pelas estradas do interior do Brasil Sul e Sudeste. Mas, como diria o grande escritor britânico de origem indiana Joseph Rudyard Kipling, esta é uma outra história.

VIVER A MATA

[FABIO FELDMANN]

A Mata Atlântica representa para o Brasil o principal símbolo da relação entre seres humanos e a natureza. Não é difícil explicar: desde a chegada dos europeus até os dias de hoje, ela é um espelho do nosso comportamento ético com o futuro.

Vivo a Mata Atlântica desde que nasci, em São Paulo, cidade que surpreendentemente ainda conserva parte expressiva desse bioma em seu território, com fauna e flora exuberantes, com a presença de animais silvestres – alguns em extinção, a nos lembrar da importância de conservar a vida no planeta.

Nunca é demais lembrar que a Mata Atlântica é depositária de grande parte da vida no planeta. Vida que a partir da Conferência do Rio, em 1992, começamos a chamar de biodiversidade (bio: vida, ou seja, diversidade da vida). Vida traduzida em milhões de seres vivos interdependentes ligados numa cadeia ecológica que pouco conhecemos, a ponto de tempos em tempos sermos surpreendidos pelo registro da descoberta de algumas espécies, demonstrando a nossa ignorância quanto a sua riqueza ecológica.

Serra da Graciosa (PR)

Na década de 1980, participei ativamente da luta contra a poluição de Cubatão, símbolo maior de uma visão de mundo na qual poluição e progresso eram sinônimos. A cidade foi inaugurada com uma celebração simbólica do avanço do trator sobre a floresta. Cubatão, mais do que tudo, representava um modo de pensar: a industrialização como passaporte para o desenvolvimento, sem incorporação de qualquer outra dimensão no campo social ou ambiental.

Foi preciso um desastre para transformar esse pensamento. A denúncia do nascimento de crianças anencefálicas em razão da poluição teve grande repercussão na mídia nacional e internacional, de modo que a Comissão das Nações Unidas, chamada Comissão Brundtland, incumbida de avaliar o estado socioambiental do planeta, fez questão de conhecer a região, a contragosto dos empresários e governantes da época. Mas venceu o bom senso, e a história do município da baixada santista se transformou no relatório "Nosso Futuro Comum", escrito pela Comissão, numa referência de como não se deve fazer, não se deve agir. Em outras palavras, Cubatão, que era tida como símbolo maior do progresso, se transformou no avesso do Desenvolvimento Sustentável, conceito justamente cunhado pelas Nações Unidas na Comissão Brundtland.

Ainda sobre a triste realidade da baixada santista, como advogado acompanhei de perto a questão da recém-criada Associação das Vítimas da Poluição e Más Condições de Vida de Cubatão, pelo fato de que havia resistência por parte das autoridades a aceitar que as vítimas se organizassem politicamente, a ponto de ser obrigatória a busca da autorização legal no Judiciário para se constituir a referida ONG. Quem, nos dias atuais, imaginaria o questionamento oficial do direito de uma população tão seriamente afetada pela poluição em se organizar como sociedade civil? Para um jovem advogado a questão em jogo era simplesmente de justiça.

Muito se avançou no Brasil e no mundo sobre novos direitos, a exemplo das vítimas de Cubatão e do catastrófico acidente industrial de Bhopal, na Índia. A Constituição de 1988 refletiu a luta de Cubatão: garantiu o direito para as presentes e as futuras gerações ao meio ambiente sadio e equilibrado. Infelizmente, o Brasil ainda vive sob o ruído ensurdecedor dos tratores sobre a Mata Atlântica e as outras matas. E a destruição ainda é vista por muitos governantes como progresso. Poucas respostas têm sido dada aos alertas dos ambientalistas e dos cientistas sobre a repercussão desses crimes insistentemente praticados contra nós mesmos e nossos filhos.

A ciência todos os dias demonstra a importância da vida, dizendo para a humanidade que somos absolutamente ignorantes quanto à riqueza e à complexidade da natureza. Ainda não sabemos e estamos longe de desvendar seus mecanismos, a interdependência entre os seres vivos e o clima, e como nós dependemos deles para as mais básicas atividades da nossa sobrevivência.

Enquanto isso, permanecemos praticando uma visão utilitarista que ignora a finitude dos recursos naturais. Com o poder da tecnologia nos tornamos capazes de em poucas décadas alterar irreversivelmente os ecossistemas, deixando como testemunho um rastro de destruição. Nossos avós conheceram rios verdadeiros, hoje receptáculos de esgotos domésticos e industriais. No Brasil e no mundo.

Em 2008, a Constituição de 1988 se transformou numa jovem a caminho da maioridade. Nela, a Mata Atlântica se tornou patrimônio nacional, algo que deve ser conservado com insistência constitucional. Mas a lei que regulamentou a Constituição, a Lei da Mata Atlântica, tramitou por longos 14 anos no Congresso Nacional, sofrendo resistência aqui e acolá por parte daqueles que ainda não compreenderam a importância suprema de respeitar a vida na Mata Atlântica e da Mata Atlântica. E só recentemente foi regulamentada.

O aquecimento global está aí para ninguém pôr defeito na Lei da Mata Atlântica, com as geleiras do Ártico e Antártica literalmente derretendo e os nossos dias sendo diferentes do que eram poucos anos atrás: invernos quentes, chuvas e secas fora de estação, um mundo de ponta-cabeça. Qualquer ambientalista nesse mundo também está de ponta-cabeça. A consciência ambiental mudou: nossos filhos estão mais conscientes. A destruição, entretanto, continua num ritmo desenfreado. As emissões de carbono acompanham o crescimento da economia, em que pesem os acordos internacionais, tal como o Protocolo de Kyoto, e as ações heróicas espalhadas pelo mundo afora.

Os dados da destruição são incontestáveis. Nenhuma geração viveu um desafio de tal dramaticidade. Em todas as instâncias, há que se fazer uma grande escolha em favor da vida, do planeta e da Mata Atlântica. Escolha esta que se desdobra em milhões de outras. Da madeira, da carne, do peixe, da fralda que consumimos. Da escolha dos políticos em que votaremos na próxima eleição, da filiação às ONGs, do estilo de vida de cada um de nós. Do que queremos para nós mesmos, como se estivéssemos vivendo os últimos momentos de nossa vida e tivéssemos que fazer o balanço do que se passou até hoje. Com certeza, o que marca é a intensidade do que vivemos e sentimos, sendo a emoção o critério principal para essa análise.

Sempre que penso na vida, a Mata Atlântica está presente. Na memória de São Paulo com espaços ainda rurais, nas longas viagens de carro pelo interior com a família, nos livros de história, enfim, no cotidiano do paulistano envolto da Mata. Na memória do início da militância ecológica. Na Assembléia Constituinte. Na Rio 92. Em tudo que foi marcante na minha vida. A emoção de ter participado e querer continuar participando ativamente. A razão é importante, mas apenas ela não consegue assegurar a sobrevivência da Mata e do planeta. As pessoas precisam de emoção. Emoção do cheiro da Mata. Emoção das cores da Mata. Emoção dos barulhos da Mata. Emoção do cheiro do fogo. Emoção do cinza e dos barulhos das queimadas.

As fotos deste livro não têm cheiro. Mas é impossível ao vê-las não imaginar e sentir com plenitude seus odores e a dor dessa destruição. Precisamos, antes de mais nada, acreditar que podemos virar o jogo. Tornar a humanidade mais humilde. Tornar cada um de nós mais humilde. Efetivamente mais sustentável. O livro dá o passo inicial.

O trabalho de Araquém é essa emoção pura de alguém que vive a Mata, que sabe dos seus cheiros e ruídos. E sabe como ninguém que não temos outro caminho a não ser buscar a emoção de todos pela Mata. E pelas matas do Brasil e do planeta.

ENSAIO

[ARAQUÉM ALCÂNTARA]

Serra da Bocaina (RJ)

PÁGINA DUPLA ANTERIOR
ON THE PREVIOUS SPREAD
Morretes (PR)

Sanhaço-de-encontro-amarelo *(Thraupis ornata)*
Golden-chevroned tanager *(Thraupis ornata)*

Cachoeira do Brejumirim, Morretes (PR)

Figueira-mata-pau *(Ficus insipida)*, Parque Estadual Carlos Botelho (SP)
Strangler fig *(Ficus insipida)*, Carlos Botelho State Park (SP)

Parque Estadual Carlos Botelho (SP)
Carlos Botelho State Park (SP)

Pico do Garrafão, Três Marias e Dedo de Deus.
Parque Nacional da Serra dos Órgãos (RJ)

Pico do Garrafão, Três Marias and Dedo de Deus.
Serra dos Órgãos National Park (RJ)

Parque Nacional de Aparados da Serra (RS)
Aparados da Serra National Park (RS)

Helicônia *(Heliconia rostrata)*
Lobster claw *(Heliconia rostrata)*

Jacutinga *(Aburria jacutinga)*
Black-fronted piping-guan *(Aburria jacutinga)*

Bromélia *(Vriesea philippocoburgii)*, Estação Ecológica Juréia-Itatins (SP)
Bromeliad *(Vriesea philippocoburgii)*, Juréia-Itatins Natural Reserve (SP)

PÁGINA AO LADO
Papagaio-de-cara-roxa *(Amazona brasiliensis)*
ON THE FACING PAGE
Red-tailed parrot *(Amazona brasiliensis)*

Gravatá *(Quesnelia testudo)*, Estação Ecológica Juréia-Itatins (SP)
Bromeliad *(Quesnelia testudo)*, Juréia-Itatins Natural Reserve (SP)

Helicônia *(Heliconia humilis)*
Heliconia *(Heliconia humilis)*

Besouro rutilini (família *Scarabeidae*)
Scarab beetle (*Rutilini – Scarabeidae*)

Papa-vento *(Enyalius iheringii)*
Green lizard *(Enyalius iheringii)*

Capivaras *(Hydrochaeris hydrochaeris)*
Capybaras *(Hydrochaeris hydrochaeris)*

Cachoeira do Amadeo, Guaraqueçaba (PR)

Parque Nacional do Iguaçu (PR)
Iguaçu National Park (PR)

[68

Saco do Mamanguá, Paraty (RJ)

Pedra do Lagarto (ES)

Surucuá-grande-de-barriga-amarela *(Trogon viridis)*
White-tailed trogon *(Trogon viridis)*

Lagoa do Peri, Florianópolis (SC)

Mico-leão-dourado *(Leontopithecus rosalia)*
Golden lion tamarin *(Leontopithecus rosalia)*

Praia de Boipeba (BA)

Boipeba beach (BA)

PÁGINA AO LADO

Pedra Furada, Parque Nacional de São Joaquim (SC)

ON THE FACING PAGE

Pedra Furada, São Joaquim National Park (SC)

Rio dos Patos, Lagamar (SP)
Patos River, Lagamar (SP)

Águia-pescadora *(Pandion haliaetus)*
Osprey *(Pandion haliaetus)*

Bromélia *(Bilbergia* sp.)
Bromeliad *(Bilbergia* sp.)

Pescadores de camarão, Guaraqueçaba (PR)
Shrimp fishermen, Guaraqueçaba (PR)

[80

Manguezal, Morro de São Paulo (BA)
Mangroves, Morro de São Paulo (BA)

PÁGINA AO LADO
Perereca-castanhola *(Itapotihyla langsdorffii)*
ON THE FACING PAGE
Ocellated tree frog *(Itapotihyla langsdorffii)*

Bugio *(Alouatta fusca)*
Howler monkey *(Alouatta fusca)*

Rio Una do Prelado, Estação Ecológica Juréia-Itatins (SP)
Una do Prelado River, Juréia-Itatins Natural Reserve (SP)

Orquídea *(Cattleya forbesii)*
Forbes' Cattleya *(Cattleya forbesii)*

Palmito-juçara *(Euterpe edulis)*, Parque Nacional da Tijuca (RJ)
Juçara palm tree *(Euterpe edulis)*, Tijuca National Park (RJ)

Beija-flor-de-fronte-violeta *(Thalurania glaucopis)*
Violet-capped woodnymph *(Thalurania glaucopis)*

Parque Nacional do Superagüi (PR)

Superagüi National Park (PR)

PÁGINA AO LADO

Jaguatirica *(Leopardus pardallis)*

ON THE NEXT PAGE

Ocelot *(Leopardus pardallis)*

Rio Bethary, Parque Estadual Turístico do Alto Ribeira – Petar (SP)
Bethary River, High Ribeira River Turistic State Park – Petar (SP)

Parque Nacional do Iguaçu (PR)

Iguaçu National Park (PR)

Surucuá-grande-de-barriga-amarela *(Trogon viridis)*
White-tailed trogon *(Trogon viridis)*

Tamboril *(Enterolobium contortisiliquum)*
Pacara earpod tree *(Enterolobium contortisiliquum)*

Açucena *(Hippeastrum* sp.), Serra dos Órgãos (RJ)
Amaryllidaceae *(Hippeastrum* sp.), Serra dos Órgãos (RJ)

PÁGINA AO LADO
Bromélia *(Vriesea* sp.), Serra dos Órgãos (RJ)
ON THE FACING PAGE
Bromeliad *(Vriesea* sp.), Serra dos Órgãos (RJ)

Mata de araucária *(Araucaria angustifolia)*, Área de Proteção Ambiental do Piraquara (PR)
Parana pine *(Araucaria angustifolia)*, Piraquara (PR)

Serra da Graciosa (PR)

Mão-pelada *(Procyon cancrivorus)*
Crab-eating raccoon *(Procyon cancrivorus)*

Caxinguelê *(Guerlinguetus ingrami)*
Atlantic Forest squirrel *(Guerlinguetus ingrami)*

Praia do Rio Verde, Estação Ecológica Juréia-Itatins (SP)
Rio Verde beach, Juréia-Itatins Natural Reserve (SP)

Parque Nacional da Tijuca (RJ)
Tijuca National Park (RJ)

Golfinho-pintado-do-atlântico *(Stenella frontalis)*
Atlantic spotted dolphin *(Stenella frontalis)*

Tangará-dançarino *(Chiroxiphia caudata)*
Blue manakin *(Chiroxiphia caudata)*

Gralha-azul *(Cyanocorax caeruleus)*
Azure jay *(Cyanocorax caeruleus)*

Mocho-diabo *(Asio stygius)*
Stygian owl *(Asio stygius)*

PÁGINA AO LADO
Corredeira, Serra dos Órgãos (RJ)
ON THE FACING PAGE
Corredeira ("Rapids"), Serra dos Órgãos (RJ)

Sagüi-da-serra-escuro *(Callithrix aurita)*
Buffy-tufted marmoset *(Callithrix aurita)*

Aranha-néfila *(Nephila* cf. *clavipes)*
Golden orb-web spider *(Nephila* cf. *clavipes)*

PÁGINA AO LADO
ON THE FACING PAGE

Serra da Graciosa (PR)

Estação Ecológica Juréia-Itatins (SP)

Juréia-Itatins Natural Reserve (SP)

Araponga-de-barbela *(Procnias averano)*
Bearded bellbid *(Procnias averano)*

Mariposa *(Rothschildia cf. aurota)*
Moth *(Rothschildia cf. aurota)*

Gavião-de-penacho *(Spizaetus ornatus)*
Ornate hawk-eagle *(Spizaetus ornatus)*

Parque Estadual Intervales (SP)

Intervales State Park (SP)

Cachoeira do Salto, Estação Ecológica Juréia-Itatins (SP)
Cachoeira do Salto, Juréia-Itatins Natural Reserve (SP)

Rio Una do Prelado, Estação Ecológica Juréia-Itatins (SP)
Una do Prelado River, Juréia-Itatins Natural Reserve (SP)

Prateleiras, Parque Nacional de Itatiaia (RJ)
Prateleiras, Itatiaia National Park (RJ)

Garça-vaqueira *(Bulbucus ibis)*
Cattle egret *(Bulbucus ibis)*

PÁGINA AO LADO
Interior de casa caiçara, Saco do Mamanguá, Paraty (RJ)
ON THE FACING PAGE
Interior of riverine home, Saco do Mamanguá, Paraty (RJ)

Onça-pintada *(Panthera onca)*
Jaguar *(Panthera onca)*

Muriqui-do-norte *(Brachyteles hypoxantus)*

Northern muriqui *(Brachyteles hypoxantus)*

Colhereiro *(Platajea ajaja)*
Spoonbill *(Platajea ajaja)*

Figueira-mata-pau *(Ficus* sp.), Salto Morato (PR)
Strangler fig *(Ficus* sp.), Salto Morato (PR)

Parque Estadual Carlos Botelho (SP)

Carlos Botelho State Park (SP)

Praia do Caí (BA)

Caí beach (BA)

PÁGINA AO LADO

Vale da Paz, Parque Nacional de Itatiaia (RJ)

ON THE FACING PAGE

Vale da Paz, Itatiaia National Park (RJ)

Morretes (PR)

Mono-carvoeiro *(Brachyteles arachnoides)*
Southern muriqui *(Brachyteles arachnoides)*

Pescador, litoral norte (SP)
Fisherman, northern coast (SP)

Tucanaçus *(Rhamphastos toco)*
Toco toucan *(Rhamphastos toco)*

Jacupemba *(Penelope superciliaris)*
Rusty-margined guan *(Penelope superciliaris)*

Ipê-roxo *(Tabebuia heptaphylla)*
Pink trumpet tree *(Tabebuia heptaphylla)*

Pico da Macela, Parque Nacional da Serra da Bocaina (RJ)
Pico da Macela, Serra da Bocaina National Park (RJ)

Estação Ecológica Juréia-Itatins (SP)
Juréia-Itatins Natural Reserve (SP)

Caiçaras, Praia de Castelhanos, Ilhabela (SP)
Riverine people, Castelhanos beach, Ilhabela (SP)

Tucano-de-bico-preto *(Rhamphastos vitellinus ariel)*
Channel-billed toucan *(Rhamphastos vitellinus ariel)*

Estação Ecológica Juréia-Itatins (SP)
Juréia-Itatins Natural Reserve (SP)

Cachoeira do Diabo, Parque Nacional do Iguaçu (PR)
Cachoeira do Diabo, Iguaçu National Park (PR)

[152

Colheita de dendê (BA)

Palm oil harvest (BA)

Pau-d'alho *(Gallesia integrifolia)*, Parque Nacional do Descobrimento (BA)
Ajosquiro tree *(Gallesia integrifolia)*, Descobrimento National Park (BA)

Parque Nacional do Iguaçu (PR)
Iguaçu National Park (PR)

PÁGINA AO LADO
Doralice Guarani, aldeia Ribeirão Silveira (SP)
ON THE NEXT PAGE
Doralice Guarani, Ribeirão Silveira village (SP)

Rabeca, Guaraqueçaba (PR)

Fiddle, Guaraqueçaba (PR)

PÁGINA AO LADO

Interior de casa caiçara, Estação Ecológica Juréia-Itatins (SP)

ON THE FACING PAGE

Interior of riverine home, Juréia-Itatins Natural Reserve (SP)

[158

Tocador de rabeca, Parque Nacional do Superagüi (PR)
Fiddler, Superagüi Natonal Park (PR)

Criança guarani-nhandeva (SP)
Guarani-nhandeva child (SP)

Índios pataxós, Parque Nacional do Monte Pascoal (BA)

Pataxó indians, Monte Pascoal National Park (BA)

PÁGINA AO LADO

Lagartas de borboleta

ON THE FACING PAGE

Catterpilars

Caiçara, Parque Nacional do Superagüi (PR)
Riverine person, Superagüi National Park (PR)

Beija-flor-grande-do-mato *(Ramphodon naevius)*
Saw-billed hermit *(Ramphodon naevius)*

Festa de São Sebastião, quilombo de Ivaporunduva (SP)
São Sebastião Celebration, quilombo de Ivaporunduva (SP)

Não deveria esse holocausto produzido pelo homem ser relatado de geração em geração? Não deveria o manual de história aprovado pelo Ministério da Educação começar assim: crianças, vocês vivem em um deserto; vamos lhes contar como foi que vocês foram deserdadas?

Warren Dean, em *A Ferro e Fogo* (Companhia das Letras)

Should not this holocaust of human making be recounted from generation to generation? Should not the history textbook approved by the Ministry of Education begin: "Children, you live in a desert; let us tell you how you have been disinherited"?

Warren Dean, in *With Broadax and Firebrand* (University of California Press)

A FERRO E FOGO

[MARCELO DELDUQUE

e HELOISA BIO RIBEIRO]

"De quantos de Portugal vieram nenhum tem amor a esta terra (...) todos querem fazer em seu proveito, ainda que seja à custa da terra porque esperam de se ir."

Padre Manuel da Nóbrega, em 1552

Poderia soar como um belo exemplo de coexistência socioambiental o fato de quase 80% da população brasileira viver no domínio da Mata Atlântica. Sobretudo pelo fato de essa população imensa depender sua vida direta ou indiretamente da floresta. São 120 milhões de pessoas bebendo diariamente da água que nasce nas vertentes da mata, em nascentes cuja qualidade e quantidade de vazão estão ligadas à proteção florestal proporcionada por essa mesma gente que bebe de sua água. Mas a verdadeira história da ocupação é insustentável e longe de ser um exemplo de coexistência. Ao longo do tempo em que essa população conviveu com a floresta tropical atlântica, sobraram pouco mais de 7% do bioma.

A Mata Atlântica brasileira chegou aos dias de hoje desvalida. Para entender esse processo de destruição, um bom ponto de partida é conhecer a floresta em si, entrar nos sub-bosques e fundos de vales de alguma das poucas áreas contínuas e representativas que restaram. Primeiro há sempre a sensação de deslumbramento ao desconhecido. Como o espanto de um frei alemão, em 1851, que pode se repetir com qualquer um: "O observador que pela primeira vez penetra numa mata virgem sente-se como absorto e não sabe mais o que o enleva, se a pujança dos troncos seculares, se a variedade de formas vegetais, se o contraste e vivo matizado das flores. Este enlevo o abala tão mais profundamente quanto é mais absoluto o silêncio que aí domina, só desmentido pelo sussurro monótono que vem da copa das árvores atingidas pelo vento".

O encantamento não leva em conta outro lado. A vida dentro da mata é uma incessante competição pela sobrevivência. Num processo de adaptação feroz, as criaturas do sub-bosque disputam espaço pela luz do sol, agarrando-se aos galhos, fixando suas sementes nos troncos, penetrando nas cascas. Determinadas espécies, como o guaranã, liberam substâncias que atrasam a germinação das sementes até provocar o apodrecimento de espécies rivais. Há plantas com espinho, outras são urticantes. Cada uma desenvolveu seus próprios e eficientes mecanismos de defesa contra predadores.

Nesse cenário o ser humano raramente tem espaço como ator. Vive e sempre preferiu viver nas suas margens, nas beiradas próximo aos cursos d'água, ou livre em campos vizinhos à floresta. A floresta é um ambiente hostil. Vale lembrar que a trajetória humana teve início na pele de primatas, que ao descerem das árvores se dirigiram para os campos abertos das pradarias e das savanas.

O que conhecemos hoje por Mata Atlântica é a herança da floresta tropical do supercontinente Gondwana. Evoluiu lentamente após as derivas continentais por quase 50 milhões de anos até que o planeta começou a sofrer prolongadas glaciações por todo o período Quaternário, no último 1,6 milhão de anos. Foi um tempo em que ora as camadas de gelo do Ártico e da Antártica espessavam, espalhando-se para parte dos outros continentes, fazendo encolher os mares, ora o gelo contraía, retomando suas posições polares. As florestas tropicais, por sua vez, igualmente expandiam-se e recuavam, ao sabor dessas mudanças climáticas. Somente no final do último período glacial, há 12 mil anos, com chuvas e temperaturas apropriadas ao longo da costa da América do Sul, que a Mata Atlântica foi ocupando suas fronteiras históricas, de aproximadamente 1,3 milhão de quilômetros quadrados.

Foi nessa época de bonança e expansão florestal que o ser humano chegou nesta parte do continente sul-americano. Eram tribos de caçadores e coletores que viviam no cerrado, numa grande savana que ocupava a região central da América do Sul. Seu modo de vida nômade fazia pressão sobre a hoje extinta megafauna e provavelmente eles mordiscavam as bordas da mata, realizando até mesmo, de acordo com algumas correntes historiográficas, uma espécie de contenção, com queimadas, impedindo que a Mata Atlântica mais uma vez se encontrasse com a Amazônia. A queimada, ainda hoje, é usada por índios do cerrado como uma técnica eficiente de caçada, encurralando os animais em tocaias feitas de fogo.

Foi o povo do cerrado que passou a ocupar o litoral do continente, entre 8 e 10 mil anos atrás. Eram tempos de fartura alimentar nos costões, mangues e regiões estuarinas. As marcas do cotidiano dessas sociedades ficaram registradas em grandes pilhas de conchas, os chamados sambaquis. Por muito tempo, o homem viveu da coleta fácil de mariscos, ostras e caranguejos, até que começou a praticar a agricultura, incrementada com a chegada de novos povos vindos dos planaltos. Tamoios, caribes e especialmente os tupis, chegados apenas 50 anos antes dos portugueses à costa brasileira, foram grandes agricultores que souberam dominar o modo de vida litorâneo.

A fixação, e melhor adaptação do ser humano no interior da área de floresta, coincidiu exatamente com o advento e incremento da agricultura. Em sua essência, a floresta tropical torna-se muito fértil imediatamente após ser derrubada e queimada, muito mais que o cerrado. A biomassa volumosa mineraliza-se rápido e fertiliza o chão. Com essas possibilidades, a região de florestas ofereceu um grande atrativo aos primeiros agricultores itinerantes. É possível pensar que o cultivo agrícola reduziu a complexidade da mata antes da chegada dos europeus, mas o sistema em que era realizado, chamado de coivara, em que as áreas de plantio são abandonadas após algumas colheitas, fez com que os povos da Mata Atlântica não a destituíssem de seu poder de regeneração.

Palmiteiro, Parque Estadual da Ilha do Cardoso (SP)
Palm extraction, Ilha do Cardoso (SP)

PÁGINAS 166 E 167
Queimada, Serra da Bocaina (RJ)
PAGES 166 AND 167
Forest fire, Serra da Bocaina (SP)

As aldeias, algumas verdadeiras cidades tamanha a população, eram meras clareiras na mata. As fontes de proteínas eram a caça e a pesca, em excursões mata adentro, e por rios e mares, apenas até satisfazer as necessidades de alimentação. Esses povos, que com a chegada dos europeus se convencionou chamar índios, depois de um erro histórico de percurso de Cristóvão Colombo, acabaram por manter um conhecimento íntimo da ecologia ao seu redor, trabalhando com a natureza e não contra ela.

"Não eram conservacionistas no sentido de poupar os recursos naturais para as gerações vindouras. É provável que a ausência de preocupação não fosse descuido mas resultasse da certeza razoável sobre a adequação de seus recursos e sua capacidade de defendê-los contra os competidores ...", analisou o historiador americano Warren Dean em sua clássica obra *A Ferro e Fogo*.

O fato é que havia um conhecimento histórico perfeitamente adequado ao meio ambiente antes de 1500. E essa sabedoria não foi absorvida pelos colonizadores, que prefeririam optar pela introdução de um modelo importado, de suas origens, para conquistar o território tropical. Essencialmente, a saga dos europeus na Mata Atlântica foi escrita para atender a interesses externos. Sem querer atender com recursos da exploração quem vivesse na própria floresta.

A rapina começou com o pau-brasil. A resina de cor vermelha encantou os europeus, e foi o combustível a alimentar um pequeno comércio com a metrópole. Junto dele vinham os encantos de animais exóticos e encantados do paraíso, papagaios belos e falantes, araras, tucanos, os micos e outros primatas. Eram exibidos como seres bizarros, trazidos do outro mundo do além-mar. Por isso rapina, como classificam diversos historiadores, "economia de rapina": um trabalho contrário à natureza, que encerra a idéia de ocupação destrutiva do espaço, arrancando-lhe minerais, plantas ou animais, sem meios de restituição". Só de pau-brasil, estima-se que 8 mil toneladas de madeira foram para Portugal no século 16. O que equivale a 2 milhões de árvores que deixaram a floresta para virar tinta.

Para dar seqüência à sina exploratória, a colonização só se justificaria com algum produto de valor que concorresse no mundo inteiro em favor do mercantilismo português. As trocas culturais permitiram a adaptação de plantas domesticadas no Velho Mundo, como laranja, limão, arroz, banana e inhame. Alimentos de uma flora estranha, mas que aqui encontraram bom solo. Um dos que melhor se adaptaram foi a cana-de-açúcar, que teve crescimento surpreendente na terra fertilizada com as cinzas da biomassa florestal. O cultivo da cana e seus engenhos foi implementado com base no modelo de *plantation* escravagista, em que a terra é nada mais do que um local de extrativismo primário. E, para chegar a cana, era preciso sair a floresta.

A floresta passou a ser vista como obstáculo aos agricultores, e estes mal a reduziam a cinzas e já se lançavam no corte e queima de novas fronteiras. Ficou completamente ignorada a sabedoria dos tupis, de deixar a terra descansar depois de

Queimada, Serra da Bocaina (RJ)
Forest fire, Serra da Bocaina (SP)

uma queimada. Entrou em ação um mecanismo simplificador que até hoje impregna o sistema de produção nacional. Foi tanta a marca na cultura brasileira desse tempo que criou laços profundos com a língua. É daí que "mato", um pejorativo de floresta, passou a ser associado a sujeira.

Era terra até onde os olhos alcançavam. Com extensões aparentemente ilimitadas, a custo zero, e a operação de queimada a exigir menos mão-de-obra e tempo, prevaleceu o modelo de limpeza do solo sem preocupação alguma com a manutenção da fertilidade. "Se o ambiente fosse natural, a terra era de ninguém, então o colono tinha o temor de não estar consolidada sua posse. A noção de posse associada com a mudança do ambiente natural foi um fator devastador na história da Mata Atlântica", explicou numa entrevista em 2001 o biólogo João de Deus Medeiros, professor do departamento de botânica da Universidade Federal de Santa Catarina e membro do Conselho Nacional da Reserva da Biosfera da Mata Atlântica.

Posse era sinônimo de trabalho, e trabalho na terra combinava com "limpar o mato". Veio a cana no Nordeste, e tempos depois o café, nas serras do Sudeste. Esse, com força e agilidade para penetrar em encostas, montanhas e vales. Justamente onde a floresta havia se escondido.

Em Bananal, município paulista no Vale do Paraíba, um fazendeiro aponta para as colinas ao redor da velha casa-grande, destituída da imponência de outrora. O ano é 2005. O gado pasta um ralo e minguado braquiária, capim exótico e altamente rústico, dotado da capacidade de se fixar nos solos mais empobrecidos. Não por acaso, um dos preferidos dessa região. "Antes isso aqui era tudo café", diz como quem conta a um filho a herança que perdeu, num melancólico tom de lamentação. Esse fazendeiro é da quarta geração de proprietários dessas glebas. Vive hoje da memória, já que a terra esgarçada pouco dá. Esses solos cansados são o retrato da triste trajetória da empreitada portuguesa na Mata Atlântica, na fase histórica, que vai do final do século 18 até o 20.

O café que animava e acordava a Europa representou a maior ameaça até então para Mata Atlântica. As encostas que haviam escapado das queimadas e do machado foram tomadas pelos cafezais, que selaram a ocupação definitiva do degrau acima da costa litorânea: o planalto. De forma técnica, o manejo da cafeicultura foi absolutamente insustentável. Em muitas fazendas, fazia-se, por exemplo, o plantio no sentido das curvas de nível, de modo que se pudesse vigiar o serviço do sopé dos morros. A terra não agüentou, e isso desencadeou a enxurrada e a erosão do solo.

A cultura cafeeira foi responsável pela devastação florestal de uma região nuclear da Mata Atlântica: o sudoeste do Rio de Janeiro e grande parte do estado de São Paulo, Minas Gerais e Espírito Santo. Mas trouxe dinheiro, um suspiro capitalista, e também o desenvolvimento ferroviário, que levou à conquista efetiva do interior do país, nos limites do que restava intacto do bioma. A construção das vias e o abastecimento das fornalhas das locomotivas maria-fumaça promoveram inigualável depredação das matas. Uma única ferrovia chegava a consumir por dia 500 metros cúbicos de madeira. Eram 2 hectares de mata destruídos por dia para fazer girar as rodas de ferro sobre os trilhos.

Foi o início de uma seqüência espiral de devastação, impulsionada pelo crescimento econômico e da população, já maior e mais diversificada com as novas imigrações européias e asiáticas. Surgiram assim outros fatores que se encadearam na derrubada cada vez mais acelerada dos remanescentes florestais: a exploração madeireira para carvoarias, fornalhas industriais e mais recentemente para abastecer a indústria de papel e celulose – em meados da década de 1970 a Mata Atlântica ainda contribuía com 47% de toda a produção nacional de madeira. Para alimentar os novos contingentes populacionais, a expansão de pastagens de gado e de lavouras. E para morar essa gente, o crescimento urbano desordenado, acelerado pela especulação imobiliária.

Com a urbanização e a industrialização, tornaram-se problemas cotidianos a geração de resíduos sólidos, o esgoto despejado sem tratamento, a poluição dos mananciais e das áreas costeiras. Na escala da concentração da população, aumentou a demanda por energia, bens materiais e transporte, dando origem a grandes empreendimentos, como hidrelétricas, usinas e estradas, obras que novamente promovem a ruptura de processos ecológicos.

O processo destrutivo também provocou reflexões, ao menos entre os intelectuais. Nos séculos 18 e 19, surgiam alguns conservacionistas, ainda bem solitários. Foram nomes como José Bonifácio de Andrada, político e pensador que no texto "Necessidade de uma academia de agricultura no país", de 1821, filosofou: "Como, pois, se atreve o homem a destruir, em um momento e sem reflexão, a obra que a natureza formou em séculos, dirigida pelo melhor conselho? Quem o autorizou para renunciar a tantos e tão importantes benefícios? A ignorância sem dúvida... Destruir matos virgens, nos quais a natureza nos ofertou as melhores e mais preciosas madeiras do mundo, além de muitos outros frutos, é extravagância insofrível, crime horrendo e grande insulto à mesma natureza".

Aos poucos, ideais preservacionistas foram ganhando espaço na política nacional. Em 1876, o engenheiro baiano André Rebouças apresentou proposta para a criação de um parque nacional no país para salvar parcelas da floresta da destruição, o que só aconteceria em 1946, com o surgimento do Parque Nacional de Itatiaia, no estado do Rio de Janeiro, próximo à divisa com São Paulo. Em 1921, o presidente Epitácio Pessoa criou o Serviço Florestal, como medida para desenvolver e coordenar a fonte de riquezas representada pela floresta tropical, preocupado principalmente com seu potencial econômico. Mas a verdadeira disposição contra cortes das florestas e penalidades por crimes e contravenções saiu em 1934 com a publicação do Código Florestal.

Já os primórdios do movimento de defesa do patrimônio da Mata Atlântica podem ser resumidos a dois aniversários importantes. O nascimento da Sociedade Brasileira dos Amigos das Árvores, de 1930, que influenciou políticas de governo para a proteção ambiental, e a criação da Fundação Brasileira para a Conservação da Natureza (FBCN), em 1958. Formada por um grupo eclético de zoólogos, botânicos, jornalistas e idealistas, a FBCN se propunha a disciplinar a ação do homem para impedir uma devastação ainda maior do que restava.

Foi no compasso do movimento ambientalista internacional, durante a década de 1980, que os brasileiros tomaram contato com a real dimensão da destruição de sua floresta, quando a Fundação SOS Mata Atlântica e o Instituto Nacional de Pesquisas Espaciais (Inpe) publicaram o primeiro Atlas de Remanescentes Florestais do bioma. Além de definir a abrangência exata da floresta, detectou-se sua situação chocante: restavam 8,8% de remanescentes, boa parte deles em fragmentos isolados.

Plantação de eucalipto
Eucalyptus plantation

NA PRÓXIMA PÁGINA DUPLA
Guarás *(Eudoscimus ruber)*
ON THE NEXT SPREAD
Scarlet ibis *(Eudoscimus ruber)*

Nos primeiros anos do novo milênio, a sociedade brasileira recebeu a boa notícia de que o ritmo histórico de devastação desacelerara consideravelmente entre 2000 e 2005, caindo 71% na área total do bioma. E justo no estado com a economia mais pujante do país, São Paulo, um levantamento de 2002 feito pelo Instituto Florestal mostrou que a área preservada era 3,8% maior do que dez anos antes.

Nem tudo são flores. A floresta que nos cerca continua a tombar, como alertam os coordenadores do Atlas da SOS Mata Atlântica e do Inpe. Desta vez, é o "efeito formiga" o vilão da atualidade. Ou seja, os desmatamentos de pequena escala não detectados pelas lentes dos satélites, como clareiras para casas de veraneio, a pequena agricultura e a exploração dos subbosques. "A diminuição do ritmo de desmatamento ocorre porque não há mais o que desmatar ou pela dificuldade de acesso a determinados lugares", reflete Flávio Ponzoni, pesquisador do Inpe. "Os dados são um sintoma do esgotamento da exploração do bioma", explica.

Não deixa de ser alentador, mesmo com ressalvas, constatar que a sociedade parece ter acordado, ainda que tardiamente, para o processo de devastação. Informações claras e objetivas sobre a melhor qualidade de vida de quem vive com a floresta e às suas margens, bebendo da sua água e respirando de seu ar, estão disponíveis a um maior público e justificam o que argumentos apaixonados declamam pelo valor intrínseco da natureza. Essa nova consciência ambiental, voltada a ações efetivas, também olha para os recursos naturais como fonte de bem-estar e de saberes, onde a natureza não é mais um oásis distante e isolado ou um obstáculo a ser transposto, mas parte integrante da vida de 120 milhões de pessoas. E essas pessoas têm agora a responsabilidade de resguardar o pouco de floresta que resta. Para o bem de cada uma delas.

FLORESTA DE SOMBRAS

[FELIPE MILANEZ]

"Nada então restará da vegetação primitiva; uma multidão de espécies terá desaparecido para sempre e os trabalhos, nos quais o sábio Von Martius, meu amigo o doutor Pohl e eu consumimos nossa existência, não serão, em grande parte, nada mais que monumentos históricos."

Auguste de Saint-Hilaire

Era uma serpente imensa como uma sucuri. Na verdade era maior, bem maior, e mais assustadora. Deslizava rápido sobre as águas, e com essa mesma agilidade, certa vez, cruzou a floresta até chegar ao topo das serras. *Teju jaguá*, conforme a mitologia guarani, veio de *yvy marãy*, a terra sem mal, do outro lado do oceano, para buscar um jovem casal de índios que se enredara em um romance proibido. O moço estava desolado: os pajés da aldeia não aceitavam seu amor por uma menina de outra tribo. Expulsos, viveram quatro anos no mato a esperança de serem levados à terra sagrada. Fizeram cerimônias espirituais e todas as noites cantavam e dançavam para os deuses. Até que um deles, Tupã, os ouviu rezar e disse: "Vocês têm uma espiritualidade grande, e eu vou fazer vocês alcançarem *yvy marãy* para viverem o resto da vida no mundo imortal". Nesse dia em que a serpente veio buscá-los chovia, trovejava, e uma névoa fina cobria a mata.

Teju jaguá então saiu do mar para subir as montanhas ao encontro do casal, e começou sua travessia sobre as raízes expostas dos manguezais. Caranguejos entocados na lama observavam a fera passar. E ela deixou seu rastro pela praia na areia quente e fofa, rastejou por dunas e seguiu em direção aos arbustos finos, que se condensavam para formar uma restinga. Seguiu nesse matagal baixo, desviando de cactos, capins espinhentos e árvores atrofiadas, até que a mata foi ficando mais densa e úmida.

Ao pé da serra, o emaranhado da vegetação fazia *teju jaguá* progredir com dificuldade. Ela parou para descansar protegida nas sapopemas de uma imensa figueira, que formavam paredes contra o vento frio do mar. Lianas, cipós, bromélias e orquídeas balançavam nos galhos das árvores, muitas destas com troncos retilíneos, de 30, 40 metros de altura. Havia ali perobas, guapuruvus, jequitibás e cedros. As folhas brilhavam, lisas, na forma de uma gota d'água. Não se encontrava um metro cúbico no ar sem um pedaço de vegetação – como se fossem florestas sobre florestas. E a serpente continuou deslizando pelo solo repleto de folhas secas, evitando as espinhosas palmeiras e as samambaiaçus. Atravessou rios cristalinos, onde se via areia e pedras ao fundo. Recostava-se sobre musgos macios. Bebia água pura e fresca das cachoeiras.

Johann-Moritz Rugendas, c. 1800

PÁGINA AO LADO
ON THE FACING PAGE
Sete Barras (SP)

Nas encostas, onde a mata crava fundo a terra encharcada de chuva, a criatura venceu ladeiras que não escorriam em erosão, pois eram garantidas por raízes e troncos firmes e perpendiculares. Entre as nesgas de luz, viu brilhar um impressionante cogumelo azul que se aproveitava da saborosa humidade. Subiu mais, até o topo das montanhas, margeou os precipícios em que as rochas desafiam a gravidade. Mesmo nesses abismos encontrou uma floresta agarrada com força e precisão a cada vão de pedra, o que transformou a agonia da altura numa calma meditação sobre a paisagem.

No cume, ondulou por um campo rupestre que remetia ao Jardim do Éden. Liquens delicados lembravam micropinheiros, mínisamambaias, mundos imensos de uma vida em miniatura que conferia textura a todas as superfícies, de árvores a pedras, assim como um papel de parede. Amarelo, rosa, verde, azul, dourado, roxo. Barbas-de-macaco, também chamadas de barbas-de-pau, vestiam os caules como cabelos, compondo um cenário algo dramático. Gotas de orvalho pendiam nas pontas e um vapor da névoa, perfumado pelos odores das flores e das ervas, atraia saíras e outros pássaros da floresta. Um vento frio veio do precipício, fazendo esquecer o calor da beira da praia.

Lá em cima avistou uma caverna. Dentro dela brotava um filete d'água, que morro abaixo se transformaria em um rio que ia ao encontro do mar. Ali *teju jaguá* encontrou os curumins apaixonados, protegidos por uma onça-parda deitada junto deles. A serpente, silenciosamente, abriu a boca enorme para receber o pequeno guerreiro e sua amada. O rapaz, destemido, disse: "Esse monstro é feio, mas não mata ninguém. Vamos entrar". Estava certo de que Tupã havia escutado seu canto e enviado *teju jaguá* para lhes resgatar. *Teju jaguá* lhes tiraria do refúgio na floresta para levá-los até a sonhada terra sem mal, do outro lado do oceano.

O MACHADO CIVILIZADOR

Mata Atlântica é como o homem branco chama esse bioma, vivido pelos guaranis e magicamente descrito em seus mitos. Os biólogos usam também a expressão floresta ombrófila densa. Para os índios o nome é mais poético: *caaguy*, que significa "sombra das ervas". Ela é a última fronteira antes de se chegar à terra sagrada. Como um tapete verde sobre uma escada, a floresta reveste as escarpas da Serra do Mar, emendando folhas de cores e formas marcadas pelo solo, pelo vento, o frio, a luz, a altitude e a umidade. Durante o inverno, ipês e suinãs exibem suas flores no dossel, e ao mesmo tempo se desfazem de todas as folhas deixando seus galhos nus. No interior da mata, a claridade suave é iluminada por raios de sol discretos, filtrados por sucessivas camadas de folhagem. A umidade é retida pelas copas e transforma o ar numa fusão de essências das plantas que estão sob esse véu. Para quem está ali, a sensação é de uma sauna úmida, porém fria.

Atrás das sombras, o que parece silêncio aos poucos revela uma trama de ruídos. Nas noites sobressaem o coaxar dos sapos e o som estridente dos insetos, que se ouvem de longe. Nas tocas, vivem cobras peçonhentas, escorpiões e outros vertebrados e artrópodes perigosos. Onças, pumas e jaguatiricas rugem, espalhando pânico entre bandos de queixadas, caitius, cutias, micos e macacos. É uma floresta sutil, feita de detalhes, formas inusitadas e improváveis, na qual fauna e flora integram um meio ambiente belo e harmônico.

Uma orquídea pode ser grande como um homem, ou pequena como um botão. No alto da Bocaina há uma espécie de poucos centímetros, mas o vermelho de sua flor

Tiê-sangue *(Ramphocelus bresilius)*
Brazilian tanager *(Ramphocelus bresilius)*

é tão intenso que sobressai na mata verde. Nas serras catarinenses, o casal Elza e Germano Woehl descobriu em sua propriedade um minúsculo sapinho amarelo de apenas 11 milímetros, e por isso chamado de pingo-de-ouro (*Brachycephalus sp*). É tido como o menor sapo do mundo. Pode ser encontrado entre folhas secas e galhos no chão, em certa altitude das montanhas. É um ser especial não apenas no tamanho mas também no veneno extremamente tóxico, similar ao do peixe baiacu. Ele passeia tranqüilo na mata, pois quase não tem predadores. Não longe dali, sem a proteção das folhas caídas, e também sem veneno e outros recursos para se defender, voa uma linda borboleta de magnífica cor azul-caribe, estendendo suas asas até o tamanho de um palmo – e isso para que sejam mesmo vistas e admiradas.

Victor Frond, c. 1800

Em Santa Catarina o bioma tem feições próprias, com as araucárias nas serras e lindas praias e morros à beira-mar. Na Bahia sua dimensão é imponente: em um único hectare do Parque Estadual da Serra do Conduru já foram encontradas 458 espécies de árvores, talvez a maior diversidade do mundo. Lá estão os mais extraordinários jacarandás, cuja madeira foi extinta comercialmente. Há resquícios de Mata Atlântica por toda a cadeia de montanhas da costa brasileira, desde o Rio Grande do Sul até o Rio Grande do Norte, nos sertões do Mato Grosso do Sul e no Piauí. Protegida ou mesmo abandonada, ainda pode ser encontrada em 17 estados brasileiros.

É de admirar, já que esse foi o bioma que mais sofreu com a presença dos europeus. "Antes dos brancos chegarem, tudo ia bem com os guaranis. Só depois é que mudou, e para pior", diz o índio Djidjocó, revoltado por ter sua terra ameaçada de devastação – palavra que na língua guarani possui o mesmo significado que "ferida". O que escapou do machado civilizador nesses anos e anos de ocupação predatória – cerca de 7% de sua cobertura original – deve-se a uma proteção natural: a topografia acidentada das serras e abismos, que impede atividades agrícolas e outros usos econômicos da terra. Emblematicamente, no entorno da Mata Atlântica estão grandes cidades, que constituem 70% da população brasileira. Seu centro são as serras do Sudeste, no Rio de Janeiro, Minas Gerais, São Paulo e Espírito Santo, estados que formam o principal pólo econômico do Brasil.

A devastação só cessou nos locais hoje considerados como de preservação permanente. Em grande parte isso foi possível devido, primeiro, à Constituição Federal de 1988, que reconheceu a Mata Atlântica como patrimônio nacional; depois, pela consolidação desses direitos conforme a Lei da Mata Atlântica, de 2006, que tramitou 14 anos no Congresso. Hoje, existem centenas de unidades de conservação nas esferas federal, estaduais e municipais, e podem ser de proteção integral ou de uso sustentável, em que a ocupação humana é aceita. Chega a parecer bagunça, tamanha a diversidade de instrumentos legais para proteção de áreas da floresta.

Muitas dessas unidades existem só no papel. Na prática, raras estão com a situação fundiária regularizada e o plano de manejo efetivamente aplicado, fiscalizadas, livres de invasões ou extração ilegal de palmito e madeira ou mesmo de caça. A decretação de uma unidade de conservação, contudo, vincula a terra ao interesse público, exige sua preservação e, ao menos, dificulta a especulação imobiliária e inibe a venda de títulos. "Só vai restar floresta nas áreas que estão protegidas", afirma sem titubear o ecólogo e ambientalista Paulo Nogueira-Neto, professor aposentado da Universidade de São Paulo (USP) e presidente da Fundação Florestal, vinculada à Secretaria Estadual de Meio Ambiente.

A maior parte dessas áreas conservadas foi criada depois de a população mudar sua percepção a respeito da Mata Atlântica, o que resultou em maior pressão sobre o governo nos anos 1980. Antes disso, poucos tinham idéia de quão singulares eram os animais e as plantas que ali existiam. Com o fim da ditadura militar e o associativismo em voga, nessa década surgiram diversas organizações civis de defesa do meio ambiente, entre elas a Fundação SOS Mata Atlântica, com milhares de participantes, liderada por jovens ambientalistas que, mais tarde, teriam destaque no cenário nacional: Fábio Feldmann, Mário Mantovani, Roberto Klabin, Rodrigo Mesquita, Clayton Lino, José Pedro de Oliveira Costa, João Paulo Capobianco e outros.

"O movimento ambientalista foi, direta ou indiretamente, responsável por uma notável expansão dos parques e reservas na mata atlântica do Sudeste. Em uma única década, de 1981 a 1990, seu número dobrou, chegando a 205, e sua área quintuplicou, de 9 918 para 48 307 quilômetros quadrados", escreveu o historiador americano Warren Dean (1932-1994) no clássico livro *A Ferro e Fogo*. Hoje há dezenas de ONGs dedicadas à Mata Atlântica.

Foi a pressão social, ainda, que fez com que a Mata Atlântica fosse classificada como *hotspot* por organizações

Johann-Moritz Rugendas, c. 1800

internacionais, e considerada um dos cinco refúgios de vida selvagem mais ricos e ameaçados da Terra – ao mesmo tempo uma honraria e um alerta. Tornou-se também Reserva da Biosfera da Unesco, outro título que colabora para aumentar os recursos para preservá-la. Os corredores de conservação, por exemplo, uma das melhores saídas pensadas para garantir a sobrevivência da floresta, deixaram de ser apenas projeto. Porções ilhadas de mata, como estavam dispostas, impediriam o intercâmbio genético necessário para a reprodução. O maior desses corredores acompanha a Serra do Mar, do Rio de Janeiro ao Rio Grande do Sul, com cerca de 1 500 km de extensão.

UM EQUILÍBRIO POSSÍVEL

"Os tucanos estão voltando! Quem anda pelas estradas de São Paulo e Minas pode ver uma capoeira, o mato crescendo. A floresta começa a renascer", comenta animado Paulo Nogueira-Neto. Proibições de desmate, ou mudanças de técnicas da agricultura – onde o trator não chega, a terra é abandonada –, têm contribuído para essa recuperação. Mas é visível que a mata está mais bem conservada nos locais em que as pessoas aprenderam a viver em comunhão com o meio ambiente – seja sob o chicote da lei, seja com o surgimento de alternativas econômicas pacíficas.

Araçari-banana *(Pteroglossus bailloni)*
Saffron toucanet *(Pteroglossus bailloni)*

Não há como pensar em preservação da Mata Atlântica sem levar em conta a população que vive no entorno das áreas protegidas – e estamos falando de regiões com alta densidade demográfica. "O desafio é buscar um meio de convivência com o pouco que resta", reflete Mario Mantovani, diretor da SOS Mata Atlântica. Uma proposta levada adiante por ambientalistas e governos é a de mosaicos de diferentes tipos de unidades de conservação. Assim, "áreas de relevante interesse ecológico", que permitem certo grau de ocupação humana, são vizinhas de "estações ecológicas", com fins científicos, e "parques nacionais", que incentivam a visitação turística.

Quase todos os parques nacionais da Mata Atlântica vivem problemas fundiários. No entanto, em algumas exceções, há belas histórias no entorno dessas áreas. José Milton de Magalhães Serafim nasceu e cresceu ao lado do Parque Nacional da Bocaina, entre Rio de Janeiro e São Paulo. Descobriu cedo a vocação para o turismo. Conseguiu aliar o amor e o respeito pela natureza com o trabalho, sem precisar aderir a um meio de vida mais predatório. Tem uma fazenda colada ao parque e não deixa cortar nenhuma árvore. Em 1991, fundou a MW Trekking, empresa especializada em ecoturismo, e hoje é um empresário bem-sucedido na região de São José do Barreiro (SP). Na porção sul do estado, um mosaico de unidades de conservação, criado depois que uma usina nuclear foi planejada para a Juréia, resultou em certo isolamento para a população caiçara local. Algumas comunidades agora começam a descobrir o ecoturismo como importante fonte de renda, agregando ainda elementos culturais para atrair e entreter os visitantes. Estimulados, estão percebendo que podem manter a essência de seu modo de vida tradicional enquanto preservam a floresta nativa.

As vilas caiçaras do litoral norte do estado de São Paulo foram esmagadas pela especulação imobiliária. Mas onde foram preservadas, como no sul do estado, a vida da floresta dá alegria ao seu povo. O caiçara João Amadeo Alves, 69, sempre viveu em Guaraqueçaba, no Mar de Dentro, uma belíssima baía no litoral paranaense, crucial para a sobrevivência da Mata Atlântica. É um sujeito bem-humorado, com três belas cachoeiras no quintal. Sua família pescava robalos e vivia do que a floresta dava, plantando alguma roça para subsistência. Ele trabalhou por alguns anos na prefeitura, mas só descobriu o modo de vida ideal quando abriu uma pousada. E transformou sua terra numa Reserva Particular do Patrimônio Natural (RPPN). Ali, colado ao Parque Superagüi, João recebe biólogos que vêm atrás de raridades, como o mico-leão-de-cara-preta. Sua mata é rica, e isso lhe enche de orgulho. Mas também de apreensão. "Tem gente que vem roubar a floresta aqui, caçar. Diminuiu, mas ainda tem", diz ele. "Tem muito palmito, e atrás deles tem palmiteiro. É que nem droga: a polícia prende, mas depois eles voltam."

Ariranha (Pteronura brasiliensis)
Giant otter (Pteronura brasiliensis)

O desafio para essas populações tradicionais é encontrar uma alternativa econômica que não seja predatória. Porque o saque à floresta ainda é o meio mais fácil de suprir as necessidades básicas da gente de poucos recursos, que não consegue ter o meio de vida de seus antepassados. Isso vale para os guaranis, no litoral, que vendem palmito mesmo contra a vontade dos velhos das aldeias, e vale também para as comunidades quilombolas no Vale do Rio Ribeira de Iguape, igualmente seduzidas por bens materiais de um consumo que não conseguem alcançar. No quilombo de Ivaporunduva, o Instituto Socioambiental, ONG de São Paulo, incentiva o plantio da palmeira juçara e ensina a aproveitar a polpa das frutas, na esperança de desestimular a extração ilegal do palmito. Mas ainda vai levar um tempo até que a alternativa econômica seja satisfatória para os anseios da população local.

O biólogo paulistano Fernando Oliveira, apaixonado pelos estudos dos botos marinhos, deixou a cidade grande para morar junto à natureza, tirando dela o sustento e lutando por sua preservação. Logo em sua primeira estada em Cananéia, no litoral sul paulista, ficou fascinado pela aliança entre os pescadores e os bichos. "Os botos pegam os cardumes no meio do canal e levam para a margem, onde ficam os cercos fixos montados pelos pescadores", conta o pesquisador. "Eles se ajudam mutuamente a conseguir comida." Como uma tainha presa nessa armadilha, Fernando foi ficando, ficando, e hoje mora em Iguape, onde comanda o Instituto de Pesquisas de Cananéia (Ipec). Em sua nova vida, apóia o cotidiano da comunidade caiçara e ministra cursos de educação popular. "Uma das pessoas mais marcantes nessa minha mudança foi seu Zé Muniz", conta ele. "Era um dos últimos moradores da Praia de Ipanema, na época em que a Ilha do Cardoso foi transformada em parque. Ele é uma referência para entender a relação entre legislação ambiental e cultura tradicional." Zé Muniz vivia no mato, tomava banho no rio, cozinhava com a lenha. Faleceu em Iguape, em 2008. "A forma tradicional de vida, ligada à natureza, é perdida na cidade. É uma adaptação difícil, e nem todos conseguem", analisa Fernando.

Johann-Moritz Rugendas, c. 1800

Outro que se transformou com a floresta é Cláudio Pádua. Estava com a carreira de empresário farmacêutico consolidada quando resolveu largar tudo e encarar o que sempre quis: a vida no mato, estudando e trabalhando por sua conservação. "Aprendi que se nós, os ambientalistas, nos preocuparmos só com os animais, eles vão desaparecer da face da Terra. Temos de trabalhar com gente", declarou em uma entrevista. Com idéias como essa e um bom tanto de iniciativa, ele hoje é responsável pelo Instituto de Pesquisas Ecológicas (IPE), uma prestigiada organização de pesquisa e preservação ambiental, e laureado com prêmios internacionais como o da Royal Geographical Society, de Londres. O IPE cuida do mico-leão-preto no Pontal do Paranapanema, região de intenso conflito fundiário na fronteira entre São Paulo, Paraná e Mato Grosso do Sul. Ali não há como ficar indiferente à tensão social pela disputa de terra. Sua diplomacia o faz convencer ambas as partes do conflito, os sem-terra e os fazendeiros, de que, à parte os títulos de propriedade, é imperioso que a floresta permaneça em pé.

ERA TUDO FLORESTA

Nas partes baixas dos parques estaduais Intervales e Carlos Botelho, no mosaico do Vale do Ribeira, a ação de palmiteiros depreda e ameaça seriamente a Mata Atlântica, da mesma forma que os madeireiros na Amazônia. Ali se pode ver de perto o muriqui, ou mono-carvoeiro (*Brachyteles arachnoides*), o maior primata das Américas. E essa é uma experiência impressionante. No topo das árvores, os troncos balançam e pedaços de bromélias que ele acaba de comer são atirados ao chão. Seu corpo bege desfila macio entre folhas e galhos. O guia aponta: "Olha lá, é o mono-

Urutu-cruzeiro *(Bothrops alternatus)*
Crossed pit viper *(Bothrops alternatus)*

carvoeiro, um macho que deve pesar mais de 10 quilos, não há dúvida". Auxiliados por jovens mateiros, é assim que trabalham pesquisadores de primatas, como Mauricio Talebi e Liége Petroni. Ficam de olhos grudados nos macacos desde que chegam à mata, antes de o Sol nascer, e seguem assim até o final do dia.

Mas os que ameaçam a floresta também são persistentes. Márcio, ex-vigia no Parque Estadual Carlos Botelho, interior de São Paulo, tornou-se guia porque no antigo emprego havia sido ameaçado de morte pelos palmiteiros – e ele é filho e irmão de coletores. Para salvar macacos, é preciso educar gente. Um jovem que faz bicos vendendo palmito quando falta dinheiro confessou: "Aqui antes se comia muita rabada de mono, é uma delícia. Quando a gente entra pra tirar palmito, assim, eu não mato mais, mas quando o pessoal cruza um bando, eles matam mesmo pra comer. E o pior é que é gostoso". Estudando os muriquis, Liége se deu conta de que era necessário trabalhar com as comunidades vizinhas dos parques. Primeiro fez denúncias da extração ilegal da juçara. "Repressão minimiza, mas não resolve", diz José Luiz Camargo Maia, diretor do Parque Carlos Botelho. Depois, ela criou uma associação comunitária, mais bem-sucedida.

Ali ainda se rouba palmito, mas os projetos de educação social têm dado resultado. Jovens que poderiam ser assediados pelos palmiteiros descobriram outro meio de sobrevivência tornando-se monitores ou guias de turismo e de pesquisa, engajados na preservação do animal. Agora a caçada é pacífica, com fins científicos: de tanto observar o muriqui, seus hábitos alimentares e de curas de doenças e machucados, esses novos especialistas vêm contribuindo diretamente com a pesquisa farmacêutica. É a farmacopéia da floresta, um ramo da etnobotânica em que se investigam o conhecimento tradicional da população e também o uso que é feito na comunidade, eventualmente com base em observações dos hábitos dos animais. Uma folha de que se alimenta depois de ter sido picado por cobra, um galho que passa em seu corpo para espantar mosquitos, uma erva que mata vermes... A vida na floresta pode esconder sabedorias necessárias para a vida moderna na cidade.

"Era tudo floresta", comenta Araquém Alcântara enquanto cruzamos campos com fazendas falidas, cheias de cicatrizes da época em que o café trazia riqueza às serras da Bocaina. Por todo lado, muito já se perdeu. Sete espécies de aves e de mamíferos que se extinguiram recentemente no Brasil existiam somente na Mata Atlântica. Ainda há outros tantos que continuam a desaparecer cruelmente, sem que sequer sejam conhecidos pela ciência. Existem no bioma

276 espécies de árvores ameaçadas de extinção (na Amazônia, para dar uma idéia, são 24). Dos 1 711 vertebrados que vivem na Mata Atlântica, 700 são endêmicos, e não encontrados em qualquer outro lugar. Mico-leão-dourado, muriqui, cachorro-do-mato-vinagre, preguiça-de-coleira são alguns dos animais considerados "bandeira" – servem para chamar a atenção de que, se sumirem, desaparecerão para sempre. Nos últimos três anos foram descritas 56 novas espécies de anfíbios. Hoje são 836 no Brasil, o maior número do mundo todo. E um terço deles está ameaçado.

Uma descoberta inusitada ocorreu em 1990, e mostra como o saber científico dialoga pouco com o das populações tradicionais. As biólogas Vanessa Persson e Maria Lúcia Lorini, do Museu de História Natural Capão do Imbuia, em Curitiba, encontraram no Lagamar o raríssimo mico-leão-de-cara-preta, ou mico-leão-caiçara (*Leontopithecus caissara*). O animal já era um antigo conhecido dos locais, que o chamam de mico-da-cara-suja, como o caiçara João Amadeo, de Guaraqueçaba, que hoje sabe da existência de dois bandos em sua RPPN, colada ao parque. Alguns zoólogos que passaram pela região tinham ouvido histórias, mas não conseguiram comprová-las. Cientificamente, a novidade apenas foi aceita quando um menino que vive na Ilha do Superagüi (PR) apareceu arrastando um estranho bicho de pelúcia que ganhara do pai. Para surpresa das duas biólogas, o brinquedo era um mico-leão-caiçara empalhado, que acabou servindo para estudos em um laboratório. O primata se tornou uma preciosidade científica, e agora é lembrado como uma dessas pequenas histórias que fazem parte de uma floresta especial, que surpreende continuamente – algo que os guaranis sabem desde o início dos tempos. Para os índios, que aguardam sem pressa a jornada até o dia em que alcançarão *yvy marãy*, a lendária "terra onde nada acaba", a Mata Atlântica é o paraíso possível neste mundo em que vivemos.

Victor Frond, c. 1800

O AUTOR

Araquém Alcântara é apontado como um dos precursores da fotografia de natureza no Brasil e o mais importante fotógrafo dessa especialidade em atuação no país. Em 40 anos de carreira, publicou 35 livros, ganhou 32 prêmios nacionais e três internacionais, produziu mais de 200 exposições, publicou incontáveis reportagens no Brasil e no exterior e construiu um acervo precioso, hoje referência obrigatória para fotógrafos, estudiosos, pesquisadores e ambientalistas.

Entre seus prêmios mais importantes destacam-se o Prêmio Dorothy Stang de Humanidade, Tecnologia e Natureza – categoria Humanidade, 2007; Prêmio Fernando Pini, de melhor livro de arte do ano, com a obra *Mar de Dentro*, 2007; Prêmio Jabuti para o livro *Amazônia*, 2006; Prêmio Abril de Jornalismo nos anos 1998 e 2001 com reportagens sobre a Amazônia; Prêmio Unicef "Presença da Criança nas Américas", Colômbia, 1981.

É dele o mérito de publicar o livro de fotografia mais vendido do Brasil, *TerraBrasil* (Editora DBA-Melhoramentos) e a primeira edição brasileira de colecionador para a *National Geographic*, com o título *Bichos do Brasil*. Seu trabalho de notoriedade internacional contribui pioneiramente para a memória geográfica e visual do país.

THE AUTHOR

Araquém Alcântara is considered a forerunner of Brazilian nature photography and the most important photographer currently in this field. Over his 40-year career, he has published 35 books, won 32 national and 3 international prizes, produced more than 200 exhibitions, published countless articles in Brazil and abroad, and constructed a valuable collection of photos, which is now an essential reference for photographers, scholars, researchers and environmentalists.

The awards he has received include the prestigious Dorothy Stang Humanity, Technology and Nature Prize – Humanity category, 2007; the Fernando Pini Prize for the Best Art Book of the Year, for the book *Mar de Dentro* [Inner Sea], 2007; the Jabuti Prize for the book *Amazônia*, 2006; the Abril Journalism Prize in the years 1998 and 2001, for reports concerning Amazonia; and UNICEF's Presence of the Child in the Americas Prize, Colombia, 1981.

His publishing achievements include *TerraBrasil* (DBA-Melhoramentos Publishers), Brazil's best-selling photography book, as well as the first Brazilian collector's edition for National Geographic, titled *Bichos do Brasil* [Animals of Brazil]. His internationally renowned work constitutes a pioneering contribution to Brazil's geographic and visual memory.

AGRADECIMENTOS
Acknowledgments

Abílio Leite de Barros, Aline Darin Azevedo, Alzira e Carmito de Xique-Xique do Igatu (*in memorian*), Ana Cristina Marotti, Andréa D'Amato, Antonio Carlos Orlando Ribeiro da Costa, Antonio Jorge Andrade Matos, Artur Lino dos Santos Pereira (*in memorian*), Aziz Ab'Saber, Batico da Juréia, Berta Becker, Berenice Maria Gomes Gallo (Tamar), Branco e Brizola do Pico da Neblina, Calil Neto, Carlyle Mendes Coelho (Jardim Zoológico de Belo Horizonte), Carlos Minc, Carlos Moraes, Carlos Nobre, Carlos Papá, Clayton Lino, Comunidade Guarani-Mbya Rio Silveira, Coronel-aviador Gilberto Evandro Machado Vieira, Cristina Moeri, Cristiano Xavier, Dalci Maurício Miranda de Oliveira, Tenente-coronel Daniel Vianna Peres, David Israel, Dipirona, Eduardo Bagnoli, Eduardo José de Oliveira, Eduardo Melão, Elias Bigio, Ellen Ritta Honorato, Eugênio Scannavino, Ernesto Moeri, Ernesto Zwarg Jr, Eurides Morais dos Santos, Evandro B. Tognelli, Evandro Xavier Teixeira (Fundação Zôo-Botânica de Belo Horizonte), Fábio de Barros, Fernando da Pousada Mangabal, Fernando Salas, Fernando Straube, Gilberto Gil, Guilherme Rondon, Giovana Botti e Sérgio Lírio, Gustav Specht, Gustavo Accacio, Hamilton Nobre Casara, Ivana Có Crivelli, Joana do Prado, João Amadeu Alves e Dina, João Odolfo, Joaquim da Juréia, Joaquim Maia Neto, Jonas Chung, Jorge "Moby"Belfort (*in memorian*), José Américo Justo, José Guilherme Bastos, José Luiz Camargo Maia, José Marcio Ayres (*in memorian*), José Milton da Bocaina, Julio César Gontijo (Criadouro Shamal), Katja Embden, Luanga, Liana Milanez e Newton Pereira, Liège Petroni, Manoel Alcântara Pereira (*in memorian*), Manuel de Barros, Marcelo Pacheco, Marcos Blau, Marcos Faerman, Marcio Meira, Mariinha do Raso da Catarina (*in memorian*), Marina Silva, Mario Efthymiades, Mateus Paciencia, Mauricio Dino Guimarães, Maurício Talebi, Mercedes Lombardi (*in memorian*), Micinho, Miriam Kaehler, Mohomed Akil Rajabally, Nilson, Nivaldo da Barra Mansa, Norberto e Isolina de Guaraqueçaba, Orlando Villas-Boas (*in memorian*), Oskar Metsavaht, Major-brigadeiro Osvaldo José de Oliveira, Otávio Rodrigues, Othon Padilha, Patrícia Palumbo, Paul Grol, Paulina Chamorro, Paulo Nogueira Neto, Pé no Chão, Piaba, Regina Feijó, Renata Pardini, Renato Gaban Lima (Instituto de Biociências-USP), Renato Menin, Tenente-coronel Ricardo Wagner Roquetti, Ricardo Verucci, Major-brigadeiro-do-ar Robson Ferreira Igreja, Roberto Azeredo (Crax Sociedade de Pesquisa da Fauna Silvestre), Roberto Mourão, Rodolfo Braga, Rodrigo Leão Moura (Conservação Internacional – CI), Rogério Botasso, Rosa Arraes, Rubens Matsushita, Selma Fernandes, Sergio Seipke, Sonia Archer, Ulisses e Vânia da Pousada Pedras do Igatu, Valeria do Zoológico de Belo Horizonte, Van, Vander Telles, Vandico da Juréia, Yasmin e Catan da Pousada Canto das Águas

Cachoeira Grande, Parque Nacional do Superagüi (PR)
Cachoeira Grande, Superagüi National Park (PR)

Tucano-de-bico-preto *(Rhamphastos vitellinus ariel)*
Channel-billed toucan *(Rhamphastos vitellinus ariel)*

Baía de Paranaguá (PR)
Paranaguá bay (PR)

Parque Nacional do Iguaçu (PR)
Iguaçu National Park (PR)

Floresta Ombrófila Densa, Parque Estadual Carlos Botelho (SP)
Ombrophilous Dense Forest, Carlos Botelho State Park (SP)

Jean Baptiste Debret, c. 1800

Pescador de polvo, praia de Bainema (BA)
Octopus fisherman, Bainema beach (BA)

Bromélia *(Nidularium innocentii* var. *paxianum)*, Morretes (PR)
Bromeliad *(Nidularium innocentii* var. *paxianum)*, Morretes (PR)

Mata nebular, Parque Nacional da Serra da Bocaina (SP)
Nebular forest, Serra da Bocaina National Park (SP)

Urubu-rei *(Sarcoramphus papa)*
King vulture *(Sarcoramphus papa)*

Parque Nacional de Caparaó (ES)
Caparaó National Park (ES)

Violeiro, Iporanga (SP)
Guitar player, Iporanga (SP)

Perereca-araponga *(Hypsiboas albomarginatus)*, Estação Ecológica Juréia-Itatins (SP)
White-edged tree frog *(Hypsiboas albomarginatus)*, Juréia-Itatins Natural Reserve (SP)

Restinga, Parque Nacional de Jurubatiba (RJ)
Restinga, Jurubatiba National Park (RJ)

Victor Frond, c. 1800

Vale dos Veados, Parque Nacional da Serra da Bocaina (RJ)
Vale dos Veados, Serra da Bocaina National Park (RJ)

Bromélia *(Nidularium innocentii)*, Área de Proteção Ambiental de Guaraqueçaba (PR)
Bromeliad *(Nidularium innocentii)*, *Guaraqueçaba* Environmental Protection Area (PR)

Rio Bethary, Parque Estadual Turístico do Alto Ribeira – Petar (SP)
Bethary River, High Ribeira River Turistic State Park – Petar (SP)

Johann-Moritz Rugendas, c. 1800

Gavião-pega-macaco *(Spizaetus tyrannus)*
Black hawk-eagle *(Spizaetus tyrannus)*

Ofereço estas mal traçadas vinhas aos ex-caçadores que tiveram compaixão de suas vítimas.
E por amar tanto o mato e os bichos conheceram o mato e os bichos.
E porque existe uma maneira de amar sem matar.
E porque existem muitas maneiras de amar sem matar.
Como fazem os fotógrafos a quem dedico essas mal traçadas, caprichadas linhas.
Estas cem traçadas minhas, já que dez traçadas tinhas.
Te espero no chão macio da Floresta.
Com amor.
Com carinho.
Com floresta e passarinho.

Antonio Carlos Jobim, em *Toda a Minha Obra É Inspirada na Mata Atlântica*,
de Antonio Carlos Jobim e Ana Lontra Jobim (Jobim Music).

I offer these sketchy vines to the former hunters who treated their victims with compassion.
And because they loved the forest and the critters so much they came to know the forest and the critters.
And because there is a way to love without killing.
And because there are many ways to love without killing.
As do the photographers to whom I dedicate these sketchy, fetching lines.
Where once there were ten, one hundred I've fashioned.
I wait for you on the soft forest floor.
Lovingly.
Adoringly.
With the forest and the twitterers.

Antonio Carlos Jobim, in *Toda a Minha Obra É Inspirada na Mata Atlântica* [All of My Work Is Inspired by the Atlantic Forest], by Antonio Carlos Jobim and Ana Lontra Jobim (Jobim Music).

[ARAQUÉM ALCÂNTARA]

MATA ATLÂNTICA

[*English version*]

FOREWORD

Atlantic Forest: A Celebration of Beauty
DR. PAULO NOGUEIRA-NETO

One hundred million years ago there was a large southern continent, known as Gondwana. Part of it still exists near the South Pole and is called Antarctica. Another part broke away and then divided again into two large landmasses. The eastern portion gave rise to both Australia and India, while the western portion, after a long separation process, ended up forming South America and Africa some 45 million years ago.

Have you ever noticed how, when you look at a map of the planet, these continents would fit perfectly together if there weren't the immense Atlantic Ocean between them? This apparent physical fit is no coincidence. It means that in the past they were one. In the early 1900s, the brilliant German meteorologist and geologist Alfred Lothar Wegener posited the theory that South America and Africa had indeed separated, and it remained a topic of considerable scientific debate until the middle of the century. Wegener had many sympathizers in the Geology department at USP. As a student of Natural History, I too was partial to the bold idea of continental drift. As time went on, the theory of plate tectonics grew, proving Wegener to be correct. It really does make sense, because anyone who crosses the Atlantic will find landscapes in Africa reminiscent of those which Araquém has so beautifully captured in our own Atlantic Forest — and not just landscapes, but also plants in the wetter coastal regions of both continents. We might go as far as to say that the Atlantic Forest actually occupies vast swathes of land along Africa and Brazil's Atlantic coasts.

These 45 million years of separation have been long enough for many different plant species to evolve on both sides of the South Atlantic. Nevertheless, there are still profound similarities and even shared genera, such as the *Erythrina*, which encompasses our well-known coral trees. There are also *Lauraceæ* (including laurel, cinnamon, and the true camphor tree), fig trees, and many other plants that underline this commonality. The Atlantic Forest deserves special attention, not just for its important biodiversity, but also for what its wandering origins represent.

In this book, Araquém Alcântara presents photographs of tremendous value not only for the skill involved in taking them, but also his excellent artistic intuition. Ours is a world in constant movement. Even the slightest hesitation in an art like photography can mean missing a once-in-a-lifetime opportunity. Fortunately, Araquém doesn't allow this to happen because he knows what he wants and is always on the lookout for it. Whether portraying rare plants and animals in a forest, a landscape that stretches as far as the eye can see (like Paraíba do Sul Valley), or the difficult day-to-day life of local and traditional human populations, all of his images are the result of technical zeal and perfect timing. Being the top-class photographer that he is, he knows how to "snap it" at precisely the right moment.

The term for the Atlantic Forest in Portuguese — "Mata Atlântica" — is not as old as one might imagine. In the revised Constitution of 1988 the nomenclature is inconsistent, although the term "Mata Atlântica" is now prevalent and has replaced most others. The forest stretches inland from the Brazilian coast and into neighboring countries. I was once in Paraguay, in the forests of Caaguazú, which are an extension of the Atlantic Forest. The devastation taking place there is as intense as it once was here. When the *peroba* tree, with its valuable wood, became scarce in Brazil due to heavy logging, harvesters headed for Paraguay.

A book such as this undertakes the important mission of showing the world what is happening to the marvelous Atlantic Forest. The imperative to protect it needs to be brought to the attention of Mercosur. It is through books, authors, and artists like Araquém Alcântara that we can shout our concern to the four winds, in the hope that, from the Atlantic to the Andes, people will work to preserve this wonder of nature. We should be able to use the forest without destroying it, as the different situations depicted in these pages suggest.

In my understanding, shared by Araquém, this book presents a beautiful and encouraging vision of what the Atlantic Forest has to offer as a spectacle of nature. In the near future, however, a new book might show how it has resisted (and always will) those who aim to destroy it. The great challenge of recomposing the Atlantic Forest is already a reality, as is the spontaneous and consenting return of certain forest areas, which can be seen by anyone traveling the highways of Brazil's southern and southeastern interior. But — as Indian-born British writer Rudyard Kipling would have said — that's another story.

PRESENTATION

The Spirit of the Forest
FABIO FELDMAN

The Atlantic Forest is Brazil's most emblematic symbol of the relationship between human beings and nature. It isn't hard to explain: from the arrival of the Europeans until today, it has been a mirror of our ethical approach to the future.

I have felt the spirit of the Atlantic Forest since I was born, in the city of São Paulo, which, surprisingly, still encompasses a considerable portion of this biome, with exuberant flora and the presence of wild animals – some facing extinction, a reminder of the importance of conserving life on earth.

We should never forget that the Atlantic Forest is home to a great deal of this planet's life, which, after the 1992 Earth Summit in Rio de Janeiro, we have come to call biodiversity (bio = life; biodiversity = diversity of life). This life is actually millions of interdependent living things, connected to one another in a chain we know little about, such that from time to time we are surprised by the discovery of new species, highlighting our ignorance of the forest's vast ecological wealth.

In the 1980s, I was actively involved in fighting the pollution in Cubatão, the greatest example of a worldview in which pollution and progress were synonymous. The city was inaugurated with the symbolic celebration of a tractor rumbling into the forest. Cubatão, more than anything, represented a way of thinking: industrialization was considered a passport to development, and no regard was given to any other social or environmental dimension.

It took a disaster to transform this mindset. The birth of brainless children due to the city's pollution was widely reported in the local and international media, such that the Brundtland Commission, convened by the United Nations to assess the socio-environmental state of the planet, insisted on visiting the region, much to the distaste of entrepreneurs and local politicians of the time. But common sense won out, and the city's sad story gave rise to the commission's report "Our Common Future," which became a reference of what not to do. In other words, Cubatão, previously considered the ultimate symbol of progress, became the opposite of sustainable development, a concept coined by the United Nations in the Brundtland Commission.

As a lawyer, I closely followed the issue of the recently formed Association for the Victims of Pollution and Poor Living Conditions in Cubatão, since the authorities were resistant to the idea of the victims joining forces politically, such that they had to go to court to obtain legal authorization to found their NGO. Who, nowadays, could imagine that anyone could question the right of a population so seriously affected by pollution to form a civil association? For a young lawyer like myself it was simply a question of justice.

Much has changed in Brazil and the world regarding rights, following the example of the victims of Cubatão and the catastrophic industrial accident in Bhopal, India. Brazil's 1988 Constitution reflected Cubatão's struggle, guaranteeing the right of present and future generations to a healthy, balanced environment. Unfortunately, Brazil still lives with the deafening rumble of tractors in the Atlantic Forest and other areas. And many of our leaders still see this destruction as progress. There have been few responses to warnings by environmentalists and scientists regarding the repercussions of these ongoing crimes against ourselves and our children.

Every day science demonstrates the importance of life, showing humanity how absolutely ignorant we are of the wealth and complexity it. We are still far from fully understanding its mechanisms, the dependence of living things on the climate, and how we depend on these for the most basic aspects of our survival.

Meanwhile, we maintain a utilitarian vision that ignores the finitude of natural resources. With the power of technology we have developed the ability in just a few short decades to irreversibly change ecosystems, leaving a swathe of devastation as testimony to this fact. Our grandparents knew real rivers, now receptacles for the dumping of domestic and industrial waste, in Brazil and the world.

This year, the 1988 Constitution turns 20 – a young adult on the road to maturity. In it, the Atlantic Forest is considered national heritage, something to be preserved with constitutional insistence. But the Atlantic Forest Law that informed the Constitution took 14 long years to pass through Brazil's Congress, meeting with resistance on the part of those who still hadn't understood the supreme importance of respecting the Atlantic Forest and the life within it.

Global warming is a reality with the power to rebuff any criticism of the Atlantic Forest Law. The Arctic and Antarctic icecaps are literally melting away and our days are different than they were just a few years ago, with hot winters and unseasonal rains and droughts – the world is topsy-turvy and so are environmentalists. Environmental awareness has changed: our children are more aware. Destruction, however, continues at breakneck speed. Carbon dioxide emissions keep pace with the growth of the economy, although somewhat regulated by international agreements such as the Kyoto Protocol and other heroic acts around the world.

The data regarding this destruction is incontestable. No other generation has lived through such a dramatic challenge. Every step of the way there are big choices to be made in favor of life, the planet, and the Atlantic Forest. And these choices give rise to millions of others. Choices about which wood, meat, fish, and diapers to buy. About which politicians to elect, about joining NGOs, about the lifestyle we want. About what we want for ourselves, as if we were living the last moments of our lives and had to weigh up what has happened to date. Beyond a doubt, what is impressive is the intensity of what we live and feel, emotion being the main criteria in this analysis.

Whenever I think about my life, the Atlantic Forest is present. In my memory of São Paulo when it still had rural areas, in long car journeys through the interior with my family, in history books, in short, in the daily lives of São Paulo's citizens surrounded by the forest. It is there in the beginning of the environmental movement, the Constituent Assembly, the Earth Summit. In everything of importance in my life – in the emotion of having actively participated and the desire to continue to do so. Reason is important, but it alone will not be able to ensure the survival of the forest and the planet. People need emotion. The emotion of the smell of the forest. The emotion of the colors of the forest. The emotion of the sounds of the forest. The emotion of fire, with its smell, ashes, and noise.

The photographs in this book have no smell. But it is impossible to see them and not imagine their odors and the pain of destruction. We need, above all, to believe that we can turn the tables, make humanity humbler, make each and every one of us humbler, more sustainable. This book is the first step.

Araquém Alcântara's work is the pure emotion of one who feels the spirit of the forest, who knows its smells and sounds. And he knows better than anyone that the only way to go is to inspire emotion for the Atlantic Forest in everyone. And for all the other forests in Brazil and the world.

With Broadax and Firebrand
MARCELO DELDUQUE
HELOISA BIO RIBEIRO

> *Of all those who have come from Portugal none love this land (...) they all want to reap benefits, even if it is at the cost of the land, because they are waiting to leave.*
> Padre Manuel da Nóbrega, 1552

The fact that almost 80% of Brazil's population lives within the domain of the Atlantic Forest might sound like a beautiful example of socio-environmental coexistence. Especially because the lives of this huge population depend directly or indirectly on the forest. On a daily basis 120 million people drink the water that rises in springs on the forest's slopes, whose quality and volume are dependent on the protection provided by the very same people who drink its water. But the true story of its occupation is unsustainable and far from an example of coexistence. In the time that this population has been in contact with the tropical Atlantic Forest, the biome has been reduced to little over 7% percent of its original size.

Brazil's Atlantic Forest has reached the 21st century ravaged. In order to understand this process of destruction, a good way to start is to get to know the forest itself, to wander under the forest canopies and through the valley bottoms of some of the few representative, continuous areas that are left. Your first feeling will be of amazement in the face of the unknown, like the awe of a German friar, in 1851, which could be anyone's: "An observer entering virgin forest for the first time feels spellbound and has no idea what enraptures him: the strength of the secular tree trunks, the variety of plant life, the contrast and bright motley of flowers. This rapture shakes him even more profoundly when the silence that reigns there is absolute, only contradicted by the monotonous whispering that comes from the treetops rustled by the wind."

This enchantment doesn't take into consideration another aspect. Life in the forest is an incessant struggle for survival. In a fierce process of adaptation, species of the lower forest strata fight for their place in the sunlight, clinging to branches, fixing their seeds in trunks, penetrating their bark. Some, such as the *guarantã* (*Esenbeckia leiocarpa*), release substances that retard the germination of their own seeds and cause those of rival species to rot. There are plants with thorns, while others cause rashes. Each develops its own efficient defense mechanisms against predators.

In this scenario there is rarely room for human beings as protagonists. They live and have always preferred to live on the margins of the forest, along watercourses, or in nearby fields. The forest is a hostile environment. We shouldn't forget that our own trajectory began with primates, who, when they climbed down from the trees, headed for the open fields of the prairies and savannahs.

What we now know as the Atlantic Forest is the legacy of the tropical forest of the supercontinent Gondwana. It evolved slowly for almost 50 million years after the continents separated until the planet began to suffer prolonged ice ages all the way through the Quaternary period, in the last 1.6 million years. It was an age in which the Arctic and Antarctic icecaps would occasionally grow thicker, covering part of other continents, causing the seas to recede, and then retract again, returning to their polar positions. The tropical forests, in turn, also expanded and shrank, in accordance with these climate changes. It was only at the end of the last ice age, 12 thousand years ago, with appropriate rainfall and temperatures along the coast of South America, that the Atlantic Forest started to occupy its historical frontiers, covering approximately 1.3 million square kilometers.

It was in this era of good weather and forest expansion that human beings arrived in this part of South America. These tribes of hunter-gatherers lived in the Cerrado, a large savannah in the middle of South America. Their nomadic lifestyle put pressure on the now extinct megafauna and they probably nibbled at the edges of the forest, even burning off areas, according to some historiographers, as a method of containment, to stop the Atlantic Forest from meeting the Amazon again. Even today Indians in the Cerrado use fire as a hunting tool to corner animals.

It was the people of the Cerrado that came to occupy the coast of the continent 8 to 10 thousand years ago. These were times of abundant food along the coastal bluffs, mangrove swamps, and estuaries. Signs of the everyday lives of these societies can be seen in large mounds of shells, known as kitchen middens. For a long time, these humans lived on mussels, oysters, and crabs, which were easy to catch, until they began to practice agriculture, which grew after the arrival of new human groups from the high plains. The Tamoios, the Caribes, and especially the Tupis, who arrived on the Brazilian coast only 50 years before the Portuguese, were skilled farmers who adjusted well to the coastal way of life.

The cessation of this nomadic lifestyle and better adaptation to the forest region coincided precisely with the advent and spread of agriculture. Tropical forest areas generally become very fertile immediately after being cut down and burned off, much more so than in the Cerrado. The great biomass is quickly mineralized and fertilizes the soil, which made the region very attractive to the first itinerant farmers. One might think that agriculture had already reduced the complexity of the forest before the Europeans came, but the crop rotation system they used, called *coivara*, in which fields were taken out of production after a few harvests, didn't destroy the Atlantic Forest's ability to regenerate.

The villages, some veritable cities so big was their population, were just clearings in the forest. Protein sources came from hunting and fishing in excursions through the forest, along rivers and to the sea, whose only purpose was to satisfy their nutritional needs. These peoples, who came to be known as Indians after the arrival of the Europeans (Columbus assumed he had reached the Indies), had acquired an intimate knowledge of the ecology around them, working with nature rather than against it.

"[] the Tupi were not conservationists in the sense of sparing natural resources for coming generations. It is probable that this absence of concern was not reckless but was based on a reasonable certainty of the adequacy of their resources and their ability to defend them against rivals," said historian Warren Dean in his classic work *With Broadax and Firebrand*.[1]

The fact is that there was perfectly adequate knowledge of the environment prior to 1500. But this wisdom wasn't absorbed by the colonizers, who preferred to use imported methods, from their origins, to conquer the tropical territory. Essentially, the saga of the Europeans in the Atlantic Forest catered to external interests and remained ignorant of the methods of those who lived in the forest itself.

The plunder began with the Brazilwood tree, whose reddish resin enchanted the Portuguese and fed a small trade with the mother

---

[1] pp. 48

country. They were also fascinated by the exotic and enchanted animals: beautiful talking parrots, macaws, toucans, tamarins, and other primates. These they exhibited as bizarre creatures from the world over the sea. Many historians have classified this as an "economy of plunder": working against nature, inherent to which is a destructive occupation of space, taking minerals, plants, and animals from it without any means of restitution. It is estimated that 8 thousand tons of Brazilwood, equivalent to 2 million trees, were taken to Portugal in the 16th century alone to become dye.

To continue in this exploitative vein, colonization was only justifiable with some product of value that competed on the world market in favor of Portuguese mercantilism. Cultural exchanges brought domestic plants from the Old World, such as orange, lime, and banana trees, rice, and yams. Although they were exotic, they found good soil here. One of the best to adapt was sugar cane, which grew surprisingly well in the land fertilized by the ashes of the forest biomass. Sugar cane plantations and mills were established on the backs of slave labor, and the land was seen as nothing more than a place to practice extractivism. And, to make room for the sugar cane, the forest had to go.

Farmers came to see the forest as an obstacle, and no sooner had they reduced one portion to ashes, then they were already slashing and burning new frontiers. They turned a blind eye to the wisdom of the Tupis, who knew the earth needed a fallow period after being burned. A simplistic mentality became entrenched and is common in the country's production system even today. This mindset was so strong in Brazilian culture at the time that it even left its marks on the language. This was when the word *mato*, a pejorative term for forest, came to be associated with dirt.

It was land as far as the eye could see. With apparently unlimited areas at zero cost, and slash-and-burn operations requiring less labor and time, farmers preferred to clear the land without the slightest concern with keeping it fertile. "If the environment was natural the land belonged to no one, and settlers were afraid their ownership might not be recognized. The notion of ownership associated with changing the natural environment was devastating for the Atlantic Forest," explained biologist João de Deus Medeiros, lecturer in the Botany Department at the Federal University of Santa Catarina and member of the National Council of the Atlantic Forest Biosphere Reserve, in a 2001 interview.

Ownership was synonymous with work, and work on the land meant "clearing the forest." Sugar cane arrived in the Northeast, and some time later coffee came to the mountains of the Southeast, with the strength and agility to grow on slopes, mountains, and in valleys. Precisely where the forest was hidden.

In Bananal, a municipality in Paraíba Valley, in the state of São Paulo, a farmer points at the hills around the old manor, now stripped of its former grandeur. The year is 2005. The cattle graze on brachiaria, a very hardy grass that can grow in the poorest of soils. It is no accident that it is a staple in the region. "This here all used to be coffee," says the fourth-generation landowner in a melancholy lament, as if telling his son about his lost inheritance. He now lives from memory, since the depleted soil yields little. This tired ground is a sad reminder of the Portuguese endeavors in the Atlantic Forest, which lasted from the late 18th to the 20th century.

The coffee that bolstered and woke up Europe was the greatest threat the Atlantic Forest had hitherto known. The slopes that had escaped slash-and-burn agricultural practices were taken over by the coffee plantations, definitively sealing the occupation of the next step up from the coast: the plateau. Technically speaking, coffee farming was absolutely unsustainable. On many farms, for example, coffee bushes were planted in horizontal tiers around curves, so that labor could be observed from the foot of the mountains. The land was unable to support it and it led to flooding and soil erosion.

The coffee industry was responsible for the devastation of forests in a central region of the Atlantic Forest that encompassed the southeast of Rio de Janeiro, much of the state of São Paulo, Minas Gerais, and Espírito Santo. But it brought money, a breath of capitalism, and the development of the railway system, which led to the settlement of the country's interior, on the limits of what was left of the Atlantic Forest biome. The building of railway lines and the stoking of boilers in steam locomotives heralded in an unparalleled depredation of the forest. A single railway could consume up to 500 cubic meters of wood a day. Two hectares of forest were destroyed daily to keep the iron wheels rolling on their tracks.

This was the beginning of a spiral of devastation, propelled by the growth of the economy and the population, already bigger and more diverse with the arrival of new waves of European and Japanese migrants. Other factors thus arose that led to the ever-quickening felling of the remaining forest: wood was needed for charcoal kilns, industrial furnaces, and (more recently) to supply the paper and cellulose industry – in the mid 1970s the Atlantic Forest still provided 47% of Brazil's entire wood production. To supply new sectors of the population, pastures and fields were expanded. Their housing needs fostered chaotic urban growth, accelerated by real estate speculation.

Urbanization and industrialization brought everyday problems such as the generation of solid residues, the dumping of untreated sewerage, and the pollution of springs and coastal areas. As the population grew, there was an increasing demand for energy, material goods, and transport, giving rise to large-scale undertakings, such as hydroelectric plants, factories, and highways, works that once again damaged ecological processes.

This process of destruction also provoked reflection, at least among intellectuals. A few solitary conservationists began to appear in the 18th and 19th centuries, such as José Bonifácio de Andrada, politician and thinker, who, in his 1821 text "The Need for an Agricultural Academy in the Country," philosophized: "How, pray tell, does man dare to destroy, in a split second and without reflection, the work that nature took centuries to do, guided by the best advice? Who authorized him to waive so many and such important benefits? Ignorance without a doubt... Destroying virgin forest, in which nature has offered us the best and most precious wood in the world, as well as many other fruits, is insufferable extravagance, a horrendous crime, and a great insult to nature itself."

Little by little, conservationist ideas began to find favor in Brazilian politics. In 1876, an engineer from Bahia, André Rebouças, presented a proposal to create a national park to save part of the forest from destruction, which only came to fruition in 1946 with the creation of Itatiaia National Park, in the state of Rio de Janeiro near the São Paulo border. In 1921, then President Epitácio Pessoa founded the Forest Service as a way to develop and coordinate the source of wealth that the tropical forest represented, above all concerned with its economic potential. But the true ruling against the felling of forest areas and penalties for crimes and misdemeanors came in 1934 with the publication of the Forest Code.

The early days of the movement to protect the heritage of the Atlantic Forest can be boiled down to two important events. The birth of the Brazilian Friends of the Trees Society, in 1930, which influenced government environmental policy, and the founding of the Brazilian Foundation for the Conservation of Nature (FBCN), in 1958. Made up of an eclectic group of zoologists, botanists, journalists, and idealists, the FBCN's objective was to discipline human action so as to halt the devastation of what was left.

It was when the international environmental movement quickened its pace in the 1980s that Brazilians became aware of the real dimension of the destruction of their forest, when the SOS Mata Atlântica Foundation and the National Institute for Space Research (INPE) published the first *Atlas de Remanescentes Florestais de Mata Atlântica* [Atlas of the Remaining Atlantic Forest]. In addition to defining the exact reach of the forest, its shocking reality became clear: only 8.8% was left, much of which in isolated fragments.

In the first few years of the new millennium, Brazilian society received the good news that the historical pace of devastation had slowed considerably between 2000 and 2005, dropping 71% in the biome's total area. And precisely in the state with the country's most vigorous economy, São Paulo, a 2002 study by the Forest Institute showed that the conserved area had grown 3.8% in ten years.

But the news isn't all rosy. The forest that surrounds us continues to fall, according to warnings from the coordinators of the atlas put out by SOS Mata Atlântica and INPE. This time, the "ant effect" is the villain. Small-scale deforestation – such as clearings for holiday homes, small farms, and the exploitation of the lower forest strata – isn't detected by satellite cameras. "Deforestation is slowing because there isn't anything left to cut down or because of difficult access to certain places," says Flávio Ponzoni, an INPE researcher. "The data shows the biome's exhaustion due to exploitation," he explains.

Albeit with some reservations, it is heartening to see that society seems to have woken up, although late, to this devastation. Clear, objective information about the best quality of life of those who live from the forest and at its margins, drinking its water and breathing its air, is available to a wider public and justifies what passionate voices have exalted as the intrinsic value of nature. This new environmental awareness, focused on effective action, also sees natural resources as a source of well-being and knowledge, where nature is no longer a distant, isolated oasis or an obstacle to be overcome, but an integral part of the lives of 120 million people. And we now have the responsibility to safeguard the little forest that is left. For our own good.

Forest of Shadows
FELIPE MILANEZ

> *Nothing then will be left of the primitive vegetation; a multitude of species will have disappeared forever and the studies, in which the wise Von Martius, my friend doctor Pohl, and I have consumed our existence, will be, for the most part, nothing more than historical monuments.*
>
> Augustin Saint-Hilaire

There was once a serpent as huge as an anaconda. Actually, it was bigger, much bigger, and scarier. It slid quickly over the water, and on one occasion, with this same speed, it crossed the forest and went to the mountaintops. *Teju Jaguá*, according to Guarani mythology, came from *yvy marãy*, the "land of no evil," on the other side of the ocean, to fetch two young Indians who had fallen in love even though it was forbidden. The young man was desolate: the village medicine men didn't accept his love for a girl from another tribe. Driven out, they traveled through the forest for four years in the hope of being taken to the sacred land. They held spiritual ceremonies and sang and danced to the gods every night. Until one god, Tupã, heard them praying and said: "You are deeply spiritual, and I am going to help you get to *yvy marãy* so you can live out your lives in the immortal world." It was a rainy, thundery day, and a fine mist had settled on the forest.

So, *Teju Jaguá* left the sea to climb the mountains and find the couple, and she began her journey on the exposed roots of the mangroves. Crabs hiding in the mud watched the serpent go past. She left her trail on the beach in the soft, warm sand, slid through dunes, and headed for the scraggy bushes that grew closer together and formed the low-growing coastal forest known as *restinga*. She continued on, dodging cacti, prickly grasses, and atrophied trees, until the vegetation grew thicker and moister.

At the foot of the mountains, the tangled plant life made it hard for *Teju Jaguá* to progress. She stopped to rest under a huge fig tree, whose prop roots offered a wall of protection from the cold sea breeze. Lianas, vines, bromeliads, and orchids dangled from the branches of trees, many of which had long, straight trunks that were 30 or 40 meters tall. There were *perobas*, *guapuruvus*, *jequitibás*, and cedar trees. The leaves glistened; smooth, shaped like droplets of water. There wasn't a single square meter in the air without a piece of foliage – like forests on forests. And the serpent kept slithering across the ground, piled high with dry leaves, avoiding the *samambaiaçu* tree ferns and palm trees. She crossed crystalline rivers, where she could see sand and rocks at the bottom. She reclined on soft mosses, and drank pure, fresh water from the waterfalls.

On the slopes, where the forest is deeply rooted in the rain-drenched earth, the creature climbed steep slopes that didn't collapse into mudslides, held firm by the strong roots and perpendicular trunks of the trees. Through slivers of light, she saw an incredible bright blue mushroom. She climbed higher, to the mountaintops, skirting the precipices, where the rocks defied gravity. Even in these abysses she found plants clinging with strength and precision to each crack, transforming the agony of the height into a meditative contemplation of the landscape.

At the top, she snaked through a montane savannah known as *campo rupestre*, which looked like the Garden of Eden. Delicate lichen looked like mini-pine trees, mini-ferns, and immense worlds of a life in miniature that gave texture to every surface, from trees to rocks, like wallpaper. Yellow, pink, green, blue, gold, purple. Beard lichen, also known as Spanish moss, covered trunks like hair, creating a rather dramatic scenario. Dewdrops hung from leaf tips and wisps of mist, rich with the smells of flowers and herbs, attracted tanagers and other forest birds. A cold wind came from the precipice, making her forget the heat down on the beach.

Up at the top she saw a cave. In it rose a tiny spring, which further down the mountain would become a river that would flow to the sea. *Teju Jaguá* found the young lovers there, protected by a cougar lying next to them. The serpent silently opened its enormous mouth for the small warrior and his beloved to climb inside. The brave young man said, "This monster is ugly, but it won't kill anyone. Let's get in." He was certain that the Creator had heard their singing and sent *Teju Jaguá* to rescue them. The monster would take them from their refuge in the forest to the long-awaited "land without evil," on the other side of the ocean.

THE CIVILIZING AX

Atlantic Forest is white man's name for this biome, known to the Guarani Indians and magically described in their myths. Biologists also call it "dense ombrophilous forest." The Indian name is more poetic: *Caaguy*, meaning "shade of herbs." It is the last frontier before the sacred land. Like a green carpet on a flight of stairs, the forest covers the escarpments of the Serra do Mar range, forming a patchwork with leaves whose colors and shapes are determined by the soil, wind, cold, light, altitude, and moisture – it all counts. During the winter, *ipês* and coralbean trees display their flowers in the canopy, as they shed their leaves. Deep in the forest, the soft light is composed of discreet rays of sunlight filtered by successive layers of foliage. The treetops help retain the moisture, making the air a fusion of essences of the plants that live under this veil. It is as if you are in a moist, cool sauna.

Behind the shadows, what appears to be silence slowly reveals a myriad of noises. Nights are dominated by the croaking of toads and shrill insect calls. Poisonous snakes, scorpions and other dangerous vertebrates and arthropods live in hollows. Cougars, pumas, and ocelots roar, spreading panic among groups of peccaries, agoutis, capuchins, and monkeys. It is a subtle forest, made of details, unusual and improbable forms, in which flora and fauna form a beautiful, harmonious environment.

An orchid can be as large as a man or as small as a button. At the top of the Bocaina Range is a species that is only a few centimeters in size, but the red of its flower is so intense that it glares out of the greenery. In the mountains of Santa Catarina, the husband and wife Germano and Elza Woehl discovered a tiny yellow toad of the saddleback family on their property. Measuring only 11 millimeters in length, its name in Portuguese is *pingo-de-ouro*, or "drop of gold" (*Brachycephalus sp*). It is considered the smallest toad in the world. It can be found among fallen leaves and twigs at a certain altitude in the mountains and is special not only because of its size, but also its venom, which is highly toxic, similar to that of the *baiacu* fish. It moves through the forest without a care, as it has almost no predators. Not far from there, without the protection of the fallen leaves, and also without venom and other resources with which to defend itself, flies a magnificent Caribbean-blue butterfly, which can open its wings to a palm's width – in order to be seen and admired.

In Santa Catarina the biome has its own characteristics, with Brazilian pines in the mountains and beautiful beaches and hills flanking the sea. In Bahia its dimension is imposing: 458 tree species have been found in a single hectare of Serra do Conduru State Park, believed to be the highest diversity in the world. The park is home to the most extraordinary jacarandas, whose wood is now commercially extinct. There are tiny pockets of Atlantic Forest all along the cordillera that runs down the coast of Brazil from Rio Grande do Norte to Rio Grande do Sul, in the backlands of Mato Grosso do Sul, and in the state of Piauí. Protected or even abandoned, it can still be found in 17 Brazilian states.

It is surprising, considering that this was the biome that most suffered as a result of the European presence. "Before the white men arrived, everything was going well for the Guaranis. Then things changed, for the worse," says Indian Djidjocó, angry that his land is threatened with devastation – a word that means "wound" in the Guarani language. Some pockets of forest (approximately 7% of its original area) escaped the ax of civilization during the years and years of predatory occupation due to a kind of natural protection: the inaccessible topography of the mountains and abysses, which renders it useless for farming and other economic activities. Emblematically, large cities, accounting for 70% of Brazil's population, are located around areas of Atlantic Forest. Its center is the Southeastern mountain ranges in the states of Rio de Janeiro, Minas Gerais, São Paulo, and Espírito Santo, which form Brazil's main economic hub.

Devastation has only halted in places that are now considered permanently protected. This was largely possible due to the new Constitution of 1988, which recognized the Atlantic Forest as national heritage, and then the consolidation of these rights under the Atlantic Forest Law of 2006, which took 14 years to be approved by Congress. Now there are hundreds of federal, state, and municipal conservation units, with programs ranging from full protection to sustainable use, in which human occupation is accepted. There are so many different legal instruments for protecting forest areas that it can get hard to keep track of them all.

Many of these units only exist on paper. In practice, few have land ownership issues under control; management plans implemented; are inspected; and are free from invasion, illegal palm heart extraction, logging, and hunting. Decreeing an area a conservation unit, however, ties the land to public interest, makes its conservation obligatory, and, at least, inhibits real-estate speculation and the selling of land deeds.

"The forest will only survive in protected areas," says ecologist and environmentalist Paulo Nogueira Neto, a retired professor from the University of São Paulo (USP) and president of the Forest Foundation, which operates under the auspices of the São Paulo State Department for the Environment.

Most of these conservation areas were created after perceptions of the Atlantic Forest changed, resulting in greater pressure on the government in the 1980s. Prior to this, few were even vaguely aware of the singularity of the biome's plants and animals. With the end of the military dictatorship and the popularity of associativism, this decade saw the founding of a range of civil environmental organizations, among which the SOS Mata Atlântica Foundation, with thousands of participants, led by young environmentalists who would later become famous nationally: Fábio Feldmann, Mário Mantovani, Roberto Klabin, Rodrigo Mesquita, Clayton Lino, José Pedro de Oliveira Costa, João Paulo Capobianco, and others.

"The environmental movement was responsible, directly or indirectly, for a remarkable expansion in parks and reserves in the southeastern Atlantic Forest. In a single decade, from 1981 to 1990, their number doubled, reaching 205, and their area nearly quintupled, from 9,918 to 48,307 square kilometers," wrote American historian Warren Dean (1932-1994) in his classic *With Broadax and Firebrand*. There are now dozens of NGOs dedicated to the Atlantic Forest.

It was also social pressure that got the Atlantic Forest classified as a biodiversity hotspot by international organizations, and considered one of the five richest and most endangered wildlife havens on earth – which is both an honor and a warning. It was also made a UNESCO Biosphere Reserve, another title that helps increase the resources available for its protection. Conservation corridors, for example, one of the best solutions to ensure the survival of the forest, have actually become a reality. Isolated pockets of forest, as there used to be, don't enjoy the genetic exchange necessary for reproduction. The biggest corridor is some 1500 kilometers long and accompanies the Serra do Mar range from Rio de Janeiro to Rio Grande do Sul.

A POSSIBLE BALANCE

"The toucans are coming back! Those who drive the highways of São Paulo and Minas Gerais will see second-growth vegetation, trees growing. The forest is being reborn," says Paulo Nogueira Neto. Bans on felling and changes in farming techniques (where tractors can't go, the land is abandoned), have contributed to this recovery. But anyone can see that the forest is better conserved in places where people have learned to live in communion with the environment – whether under the whip of the law or because they have non-threatening economic alternatives.

There is no way to think about preserving the Atlantic Forest without considering the population that lives around the protected areas – and we are talking about regions with a high population density. "The challenge is to find a way to live in peace with the little that is left," says Mario Mantovani, director of SOS Mata Atlântica. One proposal that environmentalists and governments are taking seriously is that of mosaics of different types of conservation units. As such, "areas of ecological relevance," which allow for a certain degree of human occupation, stand next door to "ecological stations," with scientific objectives, and "national parks," which encourage the public to visit.

Almost all of the national parks created to conserve the Atlantic Forest have problems with land ownership. Seaside villages along the north coast of São Paulo State have been crushed by real estate speculation. But good stories also come out of these areas. José Milton de Magalhães Serafim was born and raised next to Bocaina National Park, between the states of Rio de Janeiro and São Paulo. He discovered his vocation for tourism early on and managed to align his love of and respect for nature with work, without having to make his living in a more predatory manner. He has a farm right next to the park where he doesn't allow a single tree to be cut down. In 1991, he founded MW Trekking, an ecotourism company, and is now a successful business entrepreneur in the region of São José do Barreiro (São Paulo State). In the south of the state, a mosaic of conservation units, created after a nuclear power plant was planned for Juréia, isolated the local population to a degree. Some communities are now beginning to discover that ecotourism can be an important source of income and are also adding cultural elements to attract and entertain visitors. Enthusiastic, they are realizing that they can conserve the essence of their traditional lifestyles while preserving the native forest.

João Amadeu Alves, 69, has always lived in Guaraqueçaba, on Mar de Dentro, a beautiful bay on the coast of Paraná, crucial to the survival of the Atlantic Forest. He is a good-humored chap with three beautiful waterfalls in his backyard. His family used to fish for snook and lived on what the forest provided, also practicing a little subsistence farming. João worked for the Town Council for a few years, but only discovered what his ideal lifestyle was when he opened a guesthouse. And he transformed his land into a Private Natural Heritage Reserve (RPPN). There, next door to Superagüi Park, he receives biologists who come looking for rarities, such as the black-faced lion tamarin. His forest is rich, which fills him with pride, but also fear. "There are folks who come to rob the forest here, to hunt. It's getting better, but it still happens," he says. "There is lots of palm heart, and the extractors come looking for it. It's like what happens with drugs: the police arrest them, but they come back later."

The challenge for these traditional populations is to find non-predatory economic alternatives, because pillaging the forest is still the easiest way to fulfill the basic needs of those with few resources, who are unable to live as their ancestors did. This is true of the coastal Guaranis, who sell palm heart even against the wishes of their village elders, and the former-slave communities in the Ribeira de Iguape River Valley, equally seduced by material goods they couldn't otherwise afford. In the community of Ivaporunduva, the Socioambiental Institute, a São Paulo-based NGO, encourages the planting of *juçara* palms and teaches the locals to use the fruit pulp, in an effort to discourage the illegal extraction of palm heart. But it will still be a while before this economic alternative is able to satisfy the needs of the local population.

São Paulo biologist Fernando Oliveira, passionate about his studies of dolphins, left the big city to live immersed in nature, making his living from it and fighting to protect it. In his first stay in Cananéia, on the south coast of São Paulo State, he became fascinated with the cooperation between the fishermen and the dolphins. "The dolphins get shoals of fish in the middle of the canal and take them to the margin, where the fishermen's fixed nets are," says Oliveira. "They mutually help one another get food." Oliveira stayed, and stayed, and now lives in Iguape, where he runs the Cananéia Research Institute (IPEC). In his new life, he provides support for the daily life of the seaside community and teaches public courses. "One of the most remarkable people I have met in my new life was Zé Muniz," he says. "He was one of the last residents of Ipanema Beach around the time when Cardoso Island was made a park. He was a reference in the relationship between environmental legislation and traditional culture." Zé Muniz lived in the forest, bathed in the river, and cooked over an open fire. He died in Iguape, in 2008. "Traditional ways of life, in contact with nature, are lost in the city. It is hard to adapt, and not everyone is cut out for it," says Oliveira.

Another interesting case is that of Cláudio Pádua. He was doing well in his career as a pharmaceutical entrepreneur when he decided to throw in the towel and do what he had always dreamed of: live in the forest, studying and working to conserve it. "I've learned that if we environmentalists only worry about the animals, they are going to disappear off the face of the earth. We have to work with people," he said in an interview. With ideas like this and a good dose of initiative, he is now responsible for the Institute for Ecological Research (IPE), a renowned NGO dedicated to environmental research and conservation, which has won international awards, including one from the Royal Geographical Society, in London. The IPE works to protect the black lion tamarin in Pontal do Paranapanema, a region on the border of São Paulo, Paraná, and Mato Grosso do Sul states, where there is no way to remain indifferent to the social tension generated by land disputes. The institute plays a diplomatic role, trying to convince both parties, the landless and the farmers, that – property ownership aside – it is imperative that the forest be left standing.

THIS ALL USED TO BE FOREST

In the lower parts of Intervales and Carlos Botelho state parks, in the Ribeira Valley mosaic, the action of palm heart extractors depredates and seriously endangers the Atlantic Forest in the same way that loggers in the Amazon do. Here you can see the Southern muriqui, or woolly spider monkey (*Brachyteles arachnoides*), the largest primate in the Americas, up close. It is quite an experience. In the treetops, the trunks sway and pieces of bromeliads he has just eaten are flung to the ground. His soft fawn-colored body parades between leaves and branches. The guide points. "Look, it's a male Southern muriqui and he must weigh more than 10 kilos, I'm sure." Assisted by young forest guides, this is how primate researchers like Mauricio Talebi and Liége Petroni work. They train their eyes on the monkeys from the moment they arrive in the forest, before sunrise, and keep them there until the end of the day.

But those who put the forest at risk are also persistent. Márcio, a former guard at Carlos Botelho State Park, in the interior of São Paulo State, became a guide because in his old job he had received death threats from palm heart extractors (and he is the son and brother of extractors). To save monkeys, people need to be educated. A young man who sells palm heart when he is short of cash, confessed, "We used to eat a lot of monkey stew here. It's delicious. Now when we go in to get palm heart I don't kill them any more, but when folks run into a group, they kill them to eat. The worst thing is that it's so yummy." Studying the Southern muriquis, Liége realized that it was necessary to work with the communities neighboring the parks. First she reported the illegal extraction of *juçara* palms. "Repression minimizes the situation, but it doesn't solve it," said José Luiz Camargo Maia, director of Carlos Botelho Park. Later, she created a community association, which has been much more successful.

Palm heart is still stolen, but the social education projects have had results. Young people who might have been roped in by the extractors have discovered other means of survival as park monitors or tour and research guides, helping to protect the flora and fauna. Now the hunting is peaceful, and for scientific purposes: from so much observation of the Southern muriqui, watching its eating habits and ways of curing illnesses and wounds, these new specialists have been able to make direct contributions to pharmaceutical research. It is forest pharmacopoeia, a branch of ethnobotany that studies the traditional knowledge of the population and also community use, occasionally based on the observation of animal habits. A leaf that they eat after a snakebite, a branch they rub on their bodies to repel mosquitoes, a herb that kills worms… Forest life conceals wisdom much needed for modern city life.

"This all used to be forest," says Araquém Alcântara as we cross the fields of abandoned plantations, bearing the scars of the time when coffee brought wealth to the Bocaina Range. Everywhere you look, so much has already been lost. Seven bird and mammal species recently declared extinct in Brazil were endemic to the Atlantic Forest. Yet others continue to disappear without ever having been known to science. The biome is home to 276 endangered tree species (in the Amazon, by comparison, there are 24). Of the 1,711 vertebrates that live in the Atlantic Forest, 700 are endemic – they are not found anywhere else. The golden lion tamarin, the Southern muriqui, the bush dog, and the maned sloth are just some of what are considered "flag" animals – they serve to attract attention to the fact that, if they disappear, it will be forever. In the last three years 56 new amphibian species have been described. Today there are 836 in Brazil, the largest number in the world. And one third of them are endangered.

An unusual discovery was made in 1990, and shows how little exchange there is between scientists and traditional populations. Biologists Vanessa Persson and Maria Lúcia Lorini, of the Capão do Imbuia Museum of Natural History, in Curitiba, found the extremely rare black-faced lion tamarin (*Leontopithecus caissara*) in Lagamar. Locals had been familiar with the animal for a long time and called it *mico-da-cara-suja*, or "dirty-faced tamarin." João Amadeo, of Guaraqueçaba, knows of two groups in his private reserve, next to the park. Zoologists passing through the region had heard some stories, but had been unable to prove them. Scientifically, the discovery was only accepted when a boy who lived on Superagüi Island in Paraná State appeared with a strange cuddly toy he had been given by his father. To the biologists' surprise, it was a stuffed black-faced lion tamarin, which ended up being used for laboratory studies. The primate became a scientific treasure, and is now remembered as a little part of the folklore of a special forest, which is continuously surprising – something the Guaranis have known from the beginning of time. As they calmly await the moment to travel to *yvy marãy*, the legendary "land where nothing ends," the Atlantic forest is the paradise that is possible in this world.

Este livro foi composto em Garamond, projetada por Claude Garamond, c. 1480-1561 e Scala Sans, projetada por Martin Majoor em 1993.

This book was composed in Garamond, designed by Claude Garamond, c. 1480-1561 and Scala Sans, designed by Martin Majoor in 1993.

Dados Internacionais de Catalogação na Publicação (CIP)
(Câmara Brasileira do Livro, SP, Brasil)

Alcântara, Araquém
　　Mata Atlântica / [concepção editorial & fotografias/editorial concept & photography Araquém Alcântara ; textos/essays Marcelo Delduque, Heloisa Bio Ribeiro e Felipe Milanez ; tradução/translation Alison Entrekin ; mapa/map Carlo Giovani]. – 1. ed. – São Paulo : TERRABRASIL, 2008.

　　ISBN 978-85-89423-11-3
　　Título original: Mata Atlântica.
　　Edição bilíngue: português/inglês.

　　1. Mata Atlântica (Brasil) 2. Mata Atlântica (Brasil) – Fotografias I. Delduque, Marcelo. II. Ribeiro, Heloisa Bio. III. Milanez, Felipe. IV. Giovani, Carlo.

08-09814   CDD-778.943280981

Índices para catálogo sistemático:
1. Fotografias : Mata Atlântica : Brasil
778.943280981